camino a la sanación

camino a la sanación

Sanar la mente para curar el cuerpo

Dr. Rogelio D'Ovidio

grupal

(Grupal ediciones)
Solís 2045, CABA, República Argentina
Tel.: 5411 4306-2444
www.grupaldistribuidora.com.ar
info@grupaldistribuidora.com.ar

Edición: Gestión editorial || Valeria Cipolla
Diseño: M&A Diseño y Comunicación S.R.L.
Ilustración: Hernán Tapia

ISBN 978-987-1201-73-0
Impreso en la Argentina por Área Cuatro S.R.L. - info@areacuatro.com.ar
Tirada: 3000 ejemplares.
Printed in Argentina

D'Ovidio, Rogelio Camilo
Camino a la sanación : sanar la mente para curar el cuerpo . 1a ed. -
Ciudad Autónoma de Buenos Aires : Grupal, 2014.
280 p. ; 21x14,5 cm.

ISBN 978-987-1201-73-0

1. Autoayuda. 2. Terapias Alternativas. I. Título
CDD 158.1

Hecho el depósito que marca la ley 11.723

ÍNDICE

Dedico este libro a los cuatro mil pacientes que a lo largo de más de veinte años han sido las raíces de mi experiencia profesional.

También a mis maestros médicos y psicólogos, que a lo largo de toda mi formación profesional y personal guiaron mi pasión por el estudio hacia el camino holístico. De todos ellos destaco especialmente al último: el profesor Dr. Ángel Minotti, de quien me considero uno de sus discípulos y al que le debo todos mis aciertos en la medicina homeopática.

En lo espiritual, a mis Maestros Cristo, Buda, Djwhal Khul (el Maestro Tibetano), Paramahansa Yogananda y Swami Vivekananda. A toda la Jerarquía de Maestros que hasta el día de hoy custodian la evolución de la humanidad cuidando y esperando que ella despierte en el camino que la conduzca de lo irreal a lo Real, de la oscuridad a la Luz, de la muerte a la Inmortalidad.

La combinación del estudio, la experiencia y el camino espiritual dieron forma a lo que soy hoy: un médico.

ADVERTENCIA

El contenido de este libro es una ilustración de lo que el autor practica y no un curso.

El autor no se hace responsable de la utilización de estas técnicas por personas no capacitadas para ello.

Para realizar cualquiera de los ejercicios contenidos en este libro, es imprescindible que consulte a un profesional (médico o psicólogo) idóneo.

CIERTAS ACLARACIONES

Cuando comienzo cada conferencia, taller o actividad, realizo algunas aclaraciones, que siguen siendo las mismas desde mi primera disertación, allá por abril de 1989.

Nada de lo que está escrito en este libro es **la** verdad: es solamente **mi** verdad. En el mundo ya hemos superado los siete mil millones de habitantes, y mi verdad constituye una entre siete mil millones de verdades. Esa es la carga de relatividad que posee.

Ni siquiera sé si seguirá siendo mi verdad dentro de diez años…

Si a usted le resuena en su corazón lo que leerá, lo puede tomar tal cual está porque significa que le servirá. De lo contrario, con cuidado y ternura déjelo a un costado y siga su camino porque no es para usted, pero puede ser útil para otros.

Este libro contiene una enorme cantidad de conceptos repetidos una y otra vez. Esto no es una distracción; sino totalmente a propósito. Posee la misma estructura que mis dos libros anteriores: cada concepto es remarcado y se repite una y otra vez. Luego de agregar uno nuevo, vuelvo con el anterior y lo uno al que acabo de transmitir.

De esta manera, a lo largo del libro los conceptos se van hilvanando hasta constituir un todo coherente y razonable. El objetivo es la fijación en la memoria por el mecanismo de repetición simple.

INTRODUCCIÓN

Este es un libro que contiene la forma integral (holística) de investigar el sentido existencial de la enfermedad para cualquier persona que tenga la inquietud de hacerlo.

Son muchos los que, cuando se enferman, preguntan:

¿Por qué a mí?
¿Por qué esto?
¿Por qué ahora?

Cuando yo era un médico convencional no tenía forma de contestar estas preguntas.

Sólo cuando estudié otros posgrados (en el mundo científico) e incursioné en mi interior (en el mundo espiritual), pude ir armando un conjunto de herramientas que me permitieron orientar a mis pacientes en la exploración de sí mismos con el fin de responder esas tres preguntas.

Pero no es algo simple. Antes de realizar estas técnicas se requiere comprender ciertos temas sobre la constitución del hombre y sobre la génesis de la enfermedad desde el punto de vista holístico, que es bastante complejo y necesita casi medio libro para su desarrollo completo.

Y fue pensando en el esquema de educar y transmitir conocimientos que se gestó este texto.

No se puede iniciar ninguna investigación personal sin conocer previamente el terreno, es decir, cómo somos en realidad. El **capítulo 1** trata sobre la explicación de la compleja estructura del ser humano. Muchos somos los que hemos creído que teníamos solamente un cuerpo: el físico. Pero a lo largo de este capítulo iremos viendo que el ser humano está compuesto por varios cuerpos. El primero y más denso es el cuerpo físico, que junto con el cuerpo etérico conforman el plano físico. A continuación se detallan las funciones de cada uno.

Al cuerpo físico le sigue el cuerpo emocional, que es la fuente de nuestras emociones. También explicaremos cuál es el por qué de su sentido existencial. ¿Nunca se preguntó usted para qué tenemos emociones? En este capítulo lo explicaremos.

Al cuerpo emocional prosigue el cuerpo mental, que es la fuente de nuestros pensamientos. Aquí distinguimos dos niveles del cuerpo mental: el inferior (el intelecto) y el superior, que ya pertenece a los cuerpos espirituales.

Continuando con los planos (o cuerpos) que integran al ser humano, encontramos al cuerpo intuicional o buddhico, que es la fuente de la intuición. Por definición, esta representa el conocimiento directo y completo que proviene de un plano sutil y que no requiere de ningún razonamiento.

Al cuerpo intuicional le sigue el espiritual o átmico, que es el más elevado al que el ser humano puede tener acceso.

Por último, hay dos cuerpos más: el monádico, lugar donde se ubica el espíritu, y el divino o ádico, inalcanzable desde este plano.

Una vez explicada toda la constitución del ser humano, en el **capítulo 2** incursionaremos en el concepto de armonía, pero con un pequeño giro en su significado, ya que le daremos especial importancia a la integración que debería existir entre los distintos cuerpos que nos constituyen como totalidad. De no haber armonía entre ellos, comienza la fricción.

Y es dicha fricción el tema que ocupa el **capítulo 3**. En él explicaremos los cuatro tipos de fricciones que se pueden dar cuando los distintos cuerpos de la personalidad (físico, emocional y mental) luchan entre sí o la personalidad contradice al alma. De acuerdo a esto, podemos tener fricción entre el alma y la personalidad como conjunto (tal vez la más grave e intensa de todas las fricciones); fricción dentro del cuerpo mental (muy común en Occidente, por el predominio de la mente sobre el resto); fricción entre el cuerpo mental y el emocional (el motivo más frecuente de consulta en psicoterapia), y por último, fricción exclusivamente dentro del cuerpo emocional.

Una vez que tengamos claro que existen fricciones entre los distintos cuerpos que nos componen, lo que sigue en el **capítulo 4** es la explicación del destino de tales fricciones. Como cualquier conflicto o herida, una fricción puede cicatrizar o no. Si cicatriza, no sobrevendrá ningún problema. El punto es cuando no lo hace.

¿Por qué una fricción puede no cicatrizar? Hay tres razones principales: no saber que existe, no poder hacerlo y no querer que cicatrice por la razón que fuere.

Por cualquiera de las tres razones anteriores, una vez que la fricción no cicatriza tiene dos destinos posibles: permanecer en su propio plano o precipitar hacia planos inferiores al que ella se encuentra. Si permanece en su plano, puede determinar conflictos dentro de nosotros o con nuestro entorno, generalmente de tipo vincular. Si precipita y llega al cuerpo físico, entonces sí puede desencadenar un síntoma o una enfermedad.

¿Y la explicación termina aquí?

Por supuesto que no. El problema se vuelve más complejo cuando analizamos otras variables. En el **capítulo 5** explicaremos el fenómeno de evitar la conexión con cualquier cosa que nos produzca dolor. Esto, por ende, también incluye la enfermedad. Veremos cómo es el mecanismo psicológico de la evitación desde la perspectiva de la psicoterapia cognitivo-conductual, que es hoy la corriente más validada en el mundo al considerar este tema.

La consecuencia de la evitación es una recompensa inmediata de disminuir la sensación desagradable, pero con un agigantamiento del problema a posteriori. Además, desvía la toma de conciencia en el tema central de la enfermedad, que es el punto crucial para saber qué tenemos que corregir en nuestra vida con el fin de tender hacia la sanación.

Continuando con el concepto de la precipitación de las fricciones vertido en el capítulo 4, veremos en el **capítulo 6** que cuando una fricción precipita hasta el cuerpo físico, lo hará localizándose físicamente en aquel tejido u órgano que represente esa fricción por analogía. Como cada tejido u órgano tiene una función que es única, se afectará aquel que represente lo más fielmente posible el problema que padecemos.

En el **capítulo 7** seguiremos con la temática de la analogía, pero entregando una larga lista de las distintas partes del cuerpo y su *analogía funcional o fisiológica*: teniendo en cuenta su función, veremos por analogía qué pasa con ella en aspectos más sutiles de nuestra vida, para inquirir dentro nuestro qué es lo que no funciona bien en este aspecto en particular.

Otra vez la pregunta: ¿Y esto termina aquí?

Otra vez deberemos decir que no. En el **capítulo 8** veremos que hay otras razones por las cuales podemos enfermar además de las fricciones entre distintos cuerpos. Nosotros, seres humanos que poseemos todas las cualidades humanas, podemos expresar cualquiera de ellas "desafinadamente", tanto de más como de menos. En cualquiera de los dos casos, la consecuencia de esa expresión fuera del rango adecuado puede ser un síntoma o una enfermedad. Por lo tanto, habrá que explorar esto como una causa más de sufrimiento físico.

Siguiendo con el tema de la investigación de tantos desajustes internos, se me ocurrió transmitir una sistemática de exploración que suelo utilizar en mi consultorio, y que me permite no dejar ningún aspecto de la vida de relación de la persona sin investigar. En el **capítulo 9** cuento cómo es esa sistemática, que no por ser simple deja de ser sorprendente por su eficacia: la relación del afuera conmigo, de mí hacia el afuera y de mí hacia mí mismo es la forma para que nada se pase por alto a la hora de indagar estos temas.

Más adelante, en el **capítulo 10**, continuaremos con esta línea de agregar ángulos de visión del mismo tema. A lo largo del tiempo me fui dando cuenta de que muchas enfermedades o síntomas persisten porque reportan un beneficio para el que los padece. También puede suceder que la enfermedad exista porque esa persona requiere el estado al que lo lleva su enfermedad. ¿Uno está así porque está enfermo o se enfermó para estar así? A veces, esta es la pregunta que ilumina la situación.

En el **capítulo 11** abordo el concepto de estados mórbidos, que somos nosotros mismos quienes los mantenemos activos y "fuertes" a través de nuestros pensamientos, nuestras creencias o nuestros hábitos. Aquí distinguiremos dos conceptos importantes sobre la situación de enfermar y la resolución de esa situación: uno es sanación y el otro es curación. También incluyo el concepto de la enfermedad como una señal dinámica que nos muestra casi instantáneamente cuándo una determinada conducta o cualidad está siendo corregida o no, a través de su mejoría o agravamiento.

Aun con todo lo expuesto, puede suceder que no nos hayamos respondido las tres preguntas iniciales:

¿Por qué a mí?
¿Por qué esto?
¿Por qué ahora?

Si efectivamente eso sucede, todavía quedarán herramientas para seguir buscando. En el **capítulo 12** describo un ejercicio muy útil, ya que consigue pasar por encima de nuestra mente racional y por lo tanto mostrar eso que no queremos, no sabemos o no podemos ver. Este ejercicio consiste en utilizar metáforas sobre la enfermedad, de tal manera de encontrar cualidades en ella que en realidad son nuestras, pero "colocadas" dentro del síntoma. No me canso de encontrar beneficios de esta técnica que luego de más de veinte años de utilizarla me sigue dando sorpresas agradables todos los días.

Otra técnica que suelo usar para "engañar" al intelecto (si es que vale este término) es el dibujo. En el **capítulo 13** explico que al dibujar no utilizamos la parte racional de nuestro cerebro, sino que justamente usamos la parte no racional de él. Esto me ha permitido encontrar detalles impensados durante la investigación de una dolencia, a los que creo que jamás hubiera hallado de la manera convencional. El dibujo no sólo interviene en la parte diagnóstica de un problema, sino que también es usado en el tratamiento mismo y en la imaginación del problema solucionado.

También en la investigación existencial de la enfermedad utilizo otra técnica, extraída de la psicoterapia gestáltica. Se denomina técnica de la "silla vacía" donde lo que se propone es un diálogo interno con algún aspecto disfuncional propio. Como la enfermedad no escapa a este criterio disfuncional, resolví hace muchos años probarla y evaluar su utilidad en la práctica. Todo el **capítulo 14** está dedicado a esta herramienta, que le ha dado a mis pacientes innumerables satisfacciones.

Dejé para el final la última y tal vez más profunda de las técnicas que incorporé a lo largo de los años. Es la de la conciencia plena, que ocupa todo el **capítulo 15**. El concepto de conciencia plena es budista y propone colocar el 100% de nuestra conciencia en cada instante de nuestra vida. La actitud que se logra con conciencia plena es la de aceptación total, sin intentos de criticar, modificar o juzgar nada. Simplemente se está en la situación que sea, con toda la conciencia que cada uno puede colocar allí.

Paradójicamente, sin hacer nada estamos haciendo todo (aunque parezca un juego de palabras), porque al colocar nuestra conciencia en algo, toda nuestra energía también se orienta y se proyecta en ese lugar.

¿Cuándo suena perfecto un instrumento musical? Respuesta: cuando está perfectamente afinado. La conciencia plena consigue el efecto de colocar a cada célula orgánica en su mejor estado de funcionamiento; sería el equivalente de "afinar" nuestro cuerpo para que de esta manera pueda hacer lo que deba, de la mejor forma posible.

A través de estos 15 capítulos recorreremos un largo camino teórico y vivencial, hasta encontrar las respuestas de las tres preguntas que iniciaron esta investigación:

¿Por qué a mí?
¿Por qué esto?
¿Por qué ahora?

Pero no sería honesto con nadie si finalizáramos esta tarea allí, porque simplemente con conocer algo no cambiamos ninguna de las situaciones mentales o conductuales que nos han enfermado. Es imprescindible realizar cambios en función de lo que hemos descubierto.

El **capítulo 16** es el que encierra el secreto de la sanación de esas situaciones enunciadas anteriormente. Debemos cambiar el rumbo de nuestra vida; hemos de dirigirnos hacia el destino de la sanación, que incluye corregir los pensamientos, creencias y conductas disfuncionales que nos han enfermado.

Este camino nuevo no es fácil y se encuentra cubierto de dificultades, desesperanzas, trampas mentales e invitaciones constantes a abandonar la tarea. Este camino requiere coraje y determinación.

Una vez detectado el pensamiento que produce resultados disfuncionales, lo que hay que hacer es cultivar otro pensamiento que sea opuesto y equilibrador. Dicho así resulta fácil, pero el cambio genuino lleva mucho tiempo sosteniendo esa tendencia.

A todos aquellos que transitamos el camino espiritual se nos ha enseñado que existen dos cualidades que llevan al éxito: la paciencia y la perseverancia. Una sola no alcanza; se requiere la coexistencia de las dos para alcanzar el logro interno verdadero.

No hay que olvidar que en el caso de enfermedades pueden existir varios pensamientos que confluyen en la dolencia, por lo que el trabajo de cultivar pensamientos nuevos debería ser simultáneo con todos ellos.

Como podemos ver, la tarea no es sencilla y requiere de toda la disposición del paciente para que la sanación se realice.

Estamos frente a un trabajo científico y personal, donde el profesional acompaña el lento transitar del paciente hacia un nuevo estado liberador.

Aquí no hay magia; hay trabajo. Por eso, cuando la gente mejora siguiendo estas pautas, y los demás se dan cuenta, ellos simplemente agradecen y siguen su camino, sabiendo que su mejoría no se debe a la suerte ni a ningún curador iluminado. Es, sencillamente, un **logro personal**.

CAPÍTULO 1

La estructura del ser humano

El ser humano posee una estructura bastante más compleja de lo que parece a primera vista. En Occidente conocemos con considerable precisión y minuciosidad la constitución del cuerpo físico, pero los demás cuerpos que lo integran no han sido estudiados aún con tanta exactitud ni profundidad.

Procuraré entonces explicar la estructura y función de cada uno de los cuerpos que integran el ser humano, para que resulte comprensible el enfoque que le daremos en este libro al abordaje terapéutico integral de la enfermedad.

Analizaremos en cada cuerpo la *explicación funcional de su existencia* tomando como punto de vista el plano espiritual, que es el que coordina y dirige (o tal vez tendría que decir "debería dirigir") estos cuerpos inferiores como un instrumento de expresión en el mundo de la vida encarnada.

El cuerpo físico-etérico

Como ya hemos dicho, es bastante conocida la constitución del **cuerpo físico** en Occidente, por lo que no ahondaremos en ella. La anatomía y la fisiología son dos ciencias que han evolucionado muchísimo y brindaron a la humanidad un saber minucioso del cuerpo y su funcionamiento. Cualquiera puede leer un libro de anatomía o de fisiología y comprender lo que estoy diciendo.

El *plano físico* del ser humano está integrado por el cuerpo físico y el cuerpo etérico. Como veremos luego, el etérico posee mucha menor densidad que el cuerpo físico, por lo que si ordenamos este plano físico por orden de densidad, lo más denso es el cuerpo físico y luego le sigue el cuerpo etérico, que es mucho más sutil.

Siguiendo este ordenamiento por grados de densidad, al cuerpo físico lo podremos dividir en tres subplanos: el sólido, el líquido y el gaseoso. El subplano sólido es mucho más denso que el líquido, que a su vez es mucho más denso que el gaseoso.

El **cuerpo etérico** completa el plano físico-etérico con cuatro subplanos más (llegando a siete subplanos): los subplanos etéricos primero, segundo tercero y cuarto (el subplano cuarto es el más denso, y el primero es el más sutil de los cuatro). El cuerpo etérico no es tan conocido ni mencionado en Occidente, aunque sí lo es en Oriente, donde se lo considera un componente imprescindible para mantener la estructura física íntegra y viva.

H.P. Blavatsky, en su *Glosario Teosófico,* define el término *éter* de la siguiente manera:

> El éter es un agente material; si bien hasta ahora ningún aparato físico ha podido describirlo [...]. Según el Diccionario Webster, el éter 'es un medio hipotético de gran elasticidad

> y extrema sutileza, que se supone llena todo espacio, sin exceptuar el interior de los cuerpos sólidos, y ser el medio de transmisión de la luz y el calor'. Para los ocultistas, sin embargo, tanto el éter como la substancia primordial no son cosas hipotéticas, sino verdaderas realidades.

El *Diccionario de la Real Academia Española* también menciona algo parecido:

- Esfera aparente que rodea a la Tierra.
- *Fís.* Fluido sutil, invisible, imponderable y elástico que, según cierta hipótesis obsoleta, llena todo el espacio, y por su movimiento vibratorio transmite la luz, el calor y otras formas de energía.
- *Quím.* Compuesto químico que resulta de la unión de dos moléculas de alcohol con pérdida de una molécula de agua.

La segunda acepción tal vez sea la que más nos sirva para nuestro propósito. No pretendo que Occidente acepte el plano etérico como lo acepta Oriente, pero por lo menos sí reconoce que hay "ciertas hipótesis obsoletas". Con eso basta. Cualquier persona que haya desarrollado la *visión sutil*, aquella que ve más allá de lo puramente físico, sabe con certeza que el plano etérico es algo tan concreto como una mesa o un árbol. Por lo tanto, no tiene sentido entrar en discusión con la ciencia positivista occidental. Tal vez la física cuántica pueda corroborar (tal como lo está haciendo en los últimos años) aquello que Oriente ha dado por cierto a través de la vivencia personal de tantos maestros que han transmitido con detalle sus experiencias luego de un arduo entrenamiento individual.

Podemos definir entonces al éter como un estado intermedio entre la materia y la energía pura, que está presente en todo el universo, cumpliendo las mismas funciones que veremos a continuación dentro del ser humano:

1. Es un cuerpo de energía
2. Es un intermediario entre los cuerpos sutiles y el cuerpo físico
3. Confiere vida al cuerpo físico
4. Intercambia energía con el exterior

1. Es un cuerpo de energía

El etérico es un *cuerpo de energía* formado por finísimos hilos de luz ("hilos de luz" no es la idea exacta, pero es a mi entender la que más se le parece y la más didáctica; también hay quienes lo comparan con hilos por donde circula electricidad), que se entrelazan formando una red intrincada.

En sánscrito (la lengua sagrada de los brahmanes que se usa en India), estos hilos de luz reciben el nombre de *nadis*. Cuando estos nadis se entrecruzan forman un remolino, igual que dos corrientes de agua al encontrarse dentro de un río. Estos remolinos formados por el entrecruzamiento de varios nadis reciben el nombre sánscrito de *chakra*. La traducción española de *chakra* es *rueda*, porque aquellos que pueden ver los chakras siempre los observan girando como la rueda de un carro. A falta de una mejor analogía, en India llamaron chakra a estos centros energéticos que giraban.

La cantidad de nadis que se entrecruzan determinan el tamaño de cada chakra, conformando finalmente cuatro tipos de chakras:

a) Chakras de 1º orden (entrecruzamiento de 21 nadis)

Son siete, y siguen el eje de la columna. Estos chakras de 1º orden son los más conocidos por la disciplina del yoga, que enseña sobre ellos.

Cada chakra de 1º orden tiene características únicas en cada plano. En el plano físico influencia una porción específica y única del cuerpo. Ningún chakra "invade" una parte del cuerpo físico influenciada por otro. Esto es casi una ley. Por lo tanto, cuando una persona se enferma, con sólo mirar cuál es la zona afectada, podemos inferir el chakra que no está funcionando adecuadamente para intentar una curación energética.

Los chakras tienen características emocionales y mentales únicas. Por ejemplo, el tercer chakra (que coincide con el plexo solar) es el que manifiesta toda la emocionalidad "baja" (si es que se puede denominar así) del ser humano. Emociones como la envidia, la cólera y los celos son características de ese chakra (además de otras emociones). La descripción detallada de cada chakra se encuentra desarrollada en mi primer libro (*Del cuerpo al espíritu, un camino de curación*, de editorial Deva´s), por lo que no me voy a extender aquí sobre este tema.

b) Chakras de 2º orden (entrecruzamiento de 14 nadis)

Son 21, y están localizados en distintas partes del cuerpo, como las palmas de las manos, detrás de cada ojo, detrás de cada pezón, en cada rodilla, etc.

c) Chakras de 3º orden (entrecruzamiento de 7 nadis)

Son 49 y es muy poca la información que existe sobre ellos en la literatura hindú.

d) Chakras de 4º orden (entrecruzamiento de 2 o 3 nadis)

Son más de trescientos y coinciden con los *puntos de acupuntura.*

2. Es un intermediario entre los cuerpos sutiles y el cuerpo físico

Como el cuerpo etérico está ubicado (por su densidad) entre el cuerpo físico y el resto de los cuerpos sutiles (emocional, mental y los espirituales), funciona como un *intermediario* entre ellos. Toda la información que provenga del cuerpo físico, y deba alcanzar a los cuerpos (o planos) más elevados, necesariamente deberá pasar a través del etérico. De manera inversa, todo aquello que desde los cuerpos más sutiles deba llegar a manifestarse a través del cuerpo físico, necesariamente deberá pasar a través del cuerpo etérico.

Si tenemos un pensamiento (veremos luego que se origina en el cuerpo mental, no en el cerebro), este debe pasar a través del cuerpo emocional, luego a través del cerebro etérico (donde disminuirá mucho su carga vibracional) y finalmente llegar al cerebro físico, para que se produzcan actividades neuronales que determinen un pensamiento a nivel cerebral, que luego se manifestará en alguna palabra o acción.

3. Confiere vida al cuerpo físico

Otra función sumamente importante del cuerpo etérico es la de *conferir vida* al cuerpo físico. Es el encargado de mantener unidas y vivas a todas las moléculas que integran nuestro físico.

Sin el cuerpo etérico presente, las moléculas tienden a disgregarse, cosa que definitivamente ocurre en el proceso que nosotros en Occidente denominamos muerte. Por esta razón el cuerpo etérico también es conocido como "cuerpo vital" (cuerpo de vida).

4. Intercambia energía con el exterior

Somos un sistema energético cerrado que intercambia energía

con el exterior a través de ciertos lugares. Así como una vivienda tiene una red eléctrica cerrada que sólo recibe del exterior los cables de suministro eléctrico, nuestro sistema energético intercambia energía a través de los chakras.

Como cada chakra tiene características únicas físicas, emocionales y mentales, todo aquello que deba intercambiarse con el exterior se hará a través del chakra correspondiente. Por ejemplo, si un hombre siente atracción sexual hacia una mujer, esa atracción se manifestará como una corriente de energía que viajará desde el chakra sexual de él hasta el chakra sexual de ella, y se vivenciará como una cierta atracción o rechazo, de acuerdo a que haya sintonía o no en la vibración energética de ambos. La compasión, por ejemplo, es una energía enviada desde nuestro chakra cardíaco hasta el cardíaco de la otra persona por la cual experimentamos dicho sentimiento elevado.

Hasta aquí, con lo que hemos explicado del plano físico-etérico y de sus funciones, podemos entender que cuando nuestro cuerpo físico interactúa con el mundo externo a través de los sentidos, lo que obtendremos de esa interacción serán solamente *vibraciones.* Todas nuestras percepciones del "afuera" (táctiles, gustativas, olfativas, auditivas y visuales) se traducen dentro del cuerpo en impulsos nerviosos que llegan por distintas vías al cerebro, quien también los interpreta como una captación de *vibraciones corporales.* Nada más (y nada menos) que eso. Ya veremos luego que cada cuerpo agregará algo que completará nuestra percepción del mundo y de nosotros mismos. El cuerpo físico está preparado solamente para captar y entender distintas formas de vibraciones.

EL CUERPO FÍSICO
SÓLO PERCIBE VIBRACIONES

Existe una función más en el cuerpo etérico, que es la de "guardar" todas las destrezas físicas y la evolución del plano físico en una unidad espiritual de memoria que se denomina "átomo físico permanente". Así como existe un chip en el teléfono celular que se encarga de guardar la información y transferirla a un equipo nuevo, también el átomo físico permanente se ocupa de lo mismo. Todo aquello que hayamos aprendido físicamente en esta encarnación es llevado por el alma y guardado en este átomo para la siguiente.

El cuerpo emocional

Como su mismo nombre lo dice, es en este plano donde residen todas nuestras reacciones emocionales frente a lo que nos impresiona del "afuera" (el exterior) o lo que proviene de nuestro interior.

La actividad emocional en el ser humano puede ser sólo de dos tipos:

1. La reacción o respuesta emocional, que puede ser de atracción (en aquellas vivencias que nos provocan placer) o de repulsión o rechazo (en aquellas que nos generan dolor).
2. La no-reacción o no-respuesta emocional, también llamada indiferencia o ecuanimidad en otras disciplinas espirituales.

1. La reacción emocional (atracción o repulsión)

Frente a cada cosa que percibimos o que experimentamos, nuestro cuerpo emocional asigna una calificación (cualificación) de placer o dolor.

Se entiende por *placer* en este libro a todo lo que conocemos como agradable para nosotros. La alegría, el bienestar, la calma son ejemplos de sensaciones placenteras.

Dolor, por el contrario, abarca todas las reacciones emocionales que no nos gustan, como la tristeza, el miedo, la ira, etc.

Naturalmente nosotros (y cualquier otro ser vivo) tendemos a acercarnos a todo aquello que nos produzca placer y a alejarnos de todo aquello que nos produzca dolor. Esto es lo que origina el *deseo* del que tanto se habla en el mundo espiritual: deseo de repetir aquella experiencia que me gustó todas las veces que pueda, y deseo de alejarme tan lejos como pueda de aquella que no me gustó.

De acuerdo al budismo, las tres cualidades inherentes a nuestra alma son la Bondad, la Belleza y la Verdad. No sólo es importante conocerlas, sino también saber en qué orden deben citarse dichas cualidades, porque como muy bien explican ellos, no existe nada que no sea bueno y que pueda ser bello. A su vez, nada bueno y bello puede ser falso, debe ser necesariamente verdadero.

También puede decirse de esta tríada que todo lo bueno debe ser verdadero y bello; todo lo bello debe ser bueno y verdadero; todo lo verdadero debe ser bueno y bello.

Vemos que existe la Verdad Espiritual por un lado, y la ignorancia espiritual como oposición de lo que no es Verdad, por el otro.

De acuerdo al budismo, entonces, todo lo que no es verdad es considerado ignorancia. El resultado directo de la ignorancia es el dolor, mientras que el resultado directo e inmediato de la Verdad (aunque sea sólo un acercamiento mínimo a ella) es el placer.

Por lo tanto, toda vez que pensemos, hablemos o actuemos acercándonos a nuestra propia alma, o aquello que simbolice la Verdad Espiritual (o la Belleza o la Bondad), sentiremos placer (en cualquiera de sus formas).

ACERCAMIENTO AL ALMA = PLACER

De manera contraria, toda vez que pensemos, hablemos o actuemos alejándonos del alma sentiremos dolor en cualquiera de sus formas.

ALEJAMIENTO DEL ALMA = DOLOR

Podemos entender ahora que el cuerpo emocional es aquel que nos brinda señales inmediatas inconfundibles sobre la orientación de nuestros pensamientos, palabras y acciones. Si pensamos, hablamos o actuamos a favor de nuestra alma, tendremos una respuesta emocional de placer. En cambio, si pensamos, hablamos o actuamos en contra de los dictados de nuestra alma, sentiremos dolor. Así, nosotros poseemos un elemento interno que a cada instante nos permite darnos cuenta sin ninguna posibilidad de error hacia dónde se dirigen nuestros pasos en la vida.

¡Para mí fue muy emocionante descubrir hace años que tengo un instrumento altamente sensible e inmediato que me indica a cada instante si me estoy acercando o alejando de mi propia alma (o de aquello que simbolice lo más elevado) a través de sentimientos agradables o dsagradables!

El mundo occidental ha realizado un avance extraordinario en el conocimiento del mundo emocional. Comenzando por los filósofos griegos y finalizando en la psicología moderna con un enorme abanico de corrientes psicológicas, se ha ido elaborando un "mapa" bastante preciso del mundo emocional, de sus relaciones, de sus influencias en el cuerpo y en la mente, etc.

Lo que aún falta en todo este conocimiento occidental del mundo emocional es la interrelación con el componente espiritual, es decir entender finalmente cuál es el sentido de la existencia de un cuerpo emocional en el ser humano, su "por qué" y su "para qué". Esto se comprende perfectamente si prestamos atención al cuerpo humano. No encontraremos nada al azar, todo tejido y todo órgano tiene una función específica que, junto con los demás tejidos y órganos, terminan formando un sistema integrado y de alta eficacia en su funcionamiento.

A la luz de la psicología occidental, ¿cuál sería la función del cuerpo emocional? ¿Cuál es el por qué de su existencia? Si hacemos estas preguntas en cualquier facultad de psicología, nos encontraremos con una sorpresa, porque no tienen respuesta alguna. Mientras no se complete el "mapa" del ser humano con los cuerpos superiores y más importantes (los espirituales), jamás se podrá encontrar la respuesta correcta. Estarán estudiando un fragmento de algo, y su resultado, por lógica, también será fragmentado y parcial.

En India repiten una y otra vez lo siguiente: "un cerdo (u otro animal cualquiera) duerme, come, teme y tiene sexo. Si los humanos sólo dormimos, comemos, tememos y tenemos sexo, ¿qué nos diferencia entonces de ese cerdo?" Respuesta: la conciencia.

Sólo los humanos somos autoconscientes, y esa es la diferencia sustancial sobre todos los otros animales que existan en nuestro planeta. "El hombre no nace humano, deviene en humano" decía Buda. Transformarse en humano es un devenir autoconsciente y es una responsabilidad que deberíamos asumir con total aceptación, pues es la tarea más importante de toda nuestra vida encarnada. Si sólo tenemos emociones que nos hacen sentir bien o mal (iguales que las de un cerdo), ¿cuál sería la diferencia con ellos?

Sólo cuando en Occidente se comprenda de manera cabal la relación del cuerpo emocional con los cuerpos espirituales, tendremos autoconciencia emocional, y dejaremos de considerar los estados de ánimo como simples sensaciones agradables o desagradables para entenderlos como *señales* que funcionan de guías infalibles en nuestro conocimiento y crecimiento internos.

2. La no-reacción emocional

Ya vimos cuál es el propósito espiritual de la existencia de la reacción emocional. Resta entender para qué existe el componente de la indiferencia dentro del cuerpo emocional.

Mientras un tema cualquiera esté en proceso de aprendizaje, es decir que no está completamente trascendido (aprendido), generará algún tipo de respuesta emocional. Esto abarca desde el simple aprendizaje de las matemáticas en la escuela primaria hasta el aprendizaje más complejo que la vida nos pueda poner delante. En el medio, toda la infinita gama de experiencias agradables y desagradables de la vida.

Cuando algo se aprende de manera total (sin importar qué sea), la puesta en contacto con ese algo genera solamente indiferencia, es decir que no nos produce ningún tipo de reacción emocional.

Cuando nosotros a los 6 años aprendíamos a leer, el solo hecho de tomar un libro entre las manos generaba tensión emocional (temor, ansiedad, etc.). En este preciso momento, mientras leemos esta línea del libro, seguramente no deberemos sentir ningún tipo de reacción emocional. De hecho, talvez sólo sintamos indiferencia, la no-reacción emocional. No hay placer ni dolor; no hay respuesta emocional alguna. Hay indiferencia.

Lo mismo ocurre si sumamos 2+2. ¿Siente usted alguna reacción emocional frente a esa suma? Ninguna, sólo indiferencia.

La indiferencia se transforma entonces en el indicador directo del aprendizaje completo (trascendencia) de cualquier tema en nuestra vida (físico, emocional, mental o espiritual).

En mi consultorio, cuando alguien manifiesta una reacción emocional frente a cualquier aspecto de su vida, yo le digo que aún no lo trascendió, justamente porque existe esa reacción. Muchos se enojan entonces, diciéndome que llevan años tratando ese tema psicoterapéuticamente, a lo que yo les contesto que mientras reaccionen emocionalmente, no lo han aprendido del todo y deben seguir trabajando en él. Sólo cuando hayan aprendido **todo** sobre él, su respuesta emocional desaparecerá.

Podemos entonces llegar a la siguiente conclusión...

APRENDIZAJE TOTAL = INDIFERENCIA

Todo aquello que en nosotros genere una respuesta emocional es algo que no está completamente aprendido, o sea que deberemos seguir aprendiendo de él.

La indiferencia (*ecuanimidad* en el budismo) podría definirse como aquella señal que nos indica cuándo un tema o aspecto está completamente aprendido y ya no debemos aprender nada más sobre él. Entonces, deberemos tomar otro tema para aprenderlo, y luego otro... y luego otro... y luego otro...

* * *

Hemos tratado el sentido existencial del cuerpo emocional en su conjunto. Le dejo a la ciencia de la psicología el estudio minucioso, "con lupa", de los sentimientos, emociones, estados de ánimo, relaciones con otros, aprendizaje, maduración, construcción de la estructura del yo, etc. Hay profesionales y docentes en la ciencia de la psicología que tienen genuino interés por profundizar este conocimiento como parte inherente al ser humano, y el mundo debe estarle profundamente agradecido.

Sueño con los tiempos venideros donde la integración Occidente-Oriente sea una realidad, enriqueciendo ambas formas del entendimiento del hombre.

Ya vimos que el cuerpo físico-etérico capta *vibraciones.* Cuando estas (producto de una interacción con el medio externo a nosotros) alcanzan el cuerpo emocional, se produce como ya vimos una respuesta de placer o dolor, y basado en ello se le asigna una cualidad determinada a cada vibración. Esta "cualificación" de la vibración es lo que se llama *sensación.*

EL CUERPO EMOCIONAL
ADJUDICA SENSACIONES

En el plano físico-etérico mencionamos al átomo físico permanente como el encargado de guardar todos los aprendizajes de las distintas encarnaciones y transferirlos a la siguiente. En el plano emocional también existe esta unidad de memoria espiritual, denominada "átomo astral permanente". Su función es la misma que en el plano físico-etérico. Todo lo que se haya aprendido o evolucionado a nivel emocional es guardado en este átomo y transferido a la siguiente encarnación.

El cuerpo mental

En este cuerpo son creados nuestros pensamientos. Es importante saber (como lo explico detalladamente en mi primer libro *Del cuerpo al espíritu, un camino de sanación*, de editorial Deva's, Buenos Aires) que nuestros pensamientos no se originan en el cerebro sino que surgen en este plano mental, que no tiene nada que ver con el cerebro físico (ni con el plano físico). Nuestro cerebro se encarga de manifestar físicamente aquello que fue pensado en el plano (cuerpo) mental que, como podemos ver en la pág. 54, se encuentra en un nivel mucho más sutil que el nivel físico.

En mi libro anterior expliqué que el cerebro físico podría ser comparado con un televisor, y la mente o plano mental con el estudio donde se hace y emite un programa televisivo. A nadie se le ocurriría pensar, cuando miramos televisión, que dentro de nuestro aparato hay personas chiquitas que hablan, cantan, actúan, etc. Todos sabemos que la señal (sutil) ingresa al televisor, y el aparato se encarga, a través de circuitos específicos, de transformar esa señal sutil en imagen y sonido concretos. Nuestro cerebro físico es el "aparato" encargado de transformar la señal sutil (pensamientos e ideas) en actividad de las neuronas con su consiguiente efecto (acción, palabra, etc.).

Supongamos que dentro de nuestro televisor se descompone el circuito del sonido: no podremos oír el audio de un programa, aunque sí veremos la imagen. De la misma manera, si dentro del cerebro se afecta una zona, tendremos problemas que correspondan a esa región en particular. Si se daña una zona motora (responsable de los movimientos) del cerebro, tendremos problemas en realizar movimientos de alguna parte del cuerpo; si se daña una zona sensitiva, tendremos problemas de sensibilidad en alguna parte del cuerpo; si se daña la zona del habla, tendremos problemas en emitir palabras, etc.

En el ejemplo del televisor, la influencia es de una sola vía, porque va desde el estudio de televisión hasta el aparato. En el ser humano, hay un hecho agregado al ejemplo que hemos puesto que vuelve mucho más complejo todo: este camino entre mente y cerebro es de *doble vía* (de la mente al cerebro y del cerebro a la mente). No só lo la mente piensa y el cerebro vuelve físico dicho pensamiento, sino que el cerebro envía todas las vibraciones que captó (tacto, gusto, oído, vista, olfato, sensaciones internas de posición, dolor, tensión, etc.) en forma ascendente hasta la mente para que sea ella quien procese este material vibracional y le dé un sentido mental.

Es muy importante distinguir con toda claridad que *el cerebro no es la mente* ni crea pensamientos. Sólo los vuelve físicos, concretos.

Es esta la razón por la cual una persona puede estar en coma, sin actividad cerebral, y escuchar todo lo que se habla alrededor de su cama. Hay casos de personas que en plena cirugía pudieron "ver" (como si estuvieran flotando en el aire) a los cirujanos, a sí mismos y escuchar lo que estaban hablando con todos los detalles. Si el cerebro está anestesiado, ¿quién (o qué) ve y escucha todo esto? Nuestra mente que, repito una vez más, no es nuestro cerebro.

Hace siglos que Occidente busca la mente dentro del cerebro. El Dr. Jean Martin Charcot (1825-1893), considerado el padre de la neurología clínica y maestro del Dr. Sigmund Freud, disecaba cerebros, los cortaba y procuraba distinguir sus distintas partes y funciones. El Dr. Cesare Lombroso (1835-1909), famoso criminólogo de su época, llegó a enunciar una frase que se hizo famosa: "el cerebro segrega pensamientos como el hígado segrega bilis".

Hoy en día, con el avance en los métodos de investigación experimental y clínica, se han encontrado y descripto con bastante precisión circuitos neuronales encargados de "almacenar datos" en la memoria, circuitos "emocionales", circuitos de respuesta "traumática", etc.

Con mucha más tecnología ahora, se continúa adelante en el intento de verificar la hipótesis que postularon científicos de la línea biológica como Charcot o Lombroso hace casi dos siglos, procurando establecer sin ninguna duda posible que "es el cerebro quien piensa, memoriza y aprende" en vez de la mente. Pero aquellos científicos occidentales que hemos estudiado y vivenciado la filosofía y el conocimiento orientales, podemos darnos cuenta de que este camino terminará en la nada porque, una vez más, el cerebro no es la mente y, por lo tanto, no crea los pensamientos.

Siguiendo con el tema del plano mental, podemos decir que este se divide a su vez en dos subplanos (o cuerpos):

1. el cuerpo mental inferior y
2. el cuerpo mental superior.

1. El cuerpo mental inferior

Es lo que nosotros denominamos el intelecto. Es el que utilizamos para razonar, deducir y analizar. Es la fuente de los pensamientos concretos.

Para ser un poco más descriptivos y didácticos, podríamos decir que a las *vibraciones* que fueron captadas del exterior por nuestro cuerpo físico a través de los sentidos, se le acoplan las *sensaciones* en el plano emocional, y finalmente en el plano mental se suman las *percepciones mentales,* que no son más que lo que en Occidente denominamos imágenes mentales. Estas imágenes mentales simples están relacionadas con los cinco sentidos, obteniendo imágenes olfativas, gustativas, visuales, auditivas y táctiles.

Una vez que tenemos una imagen mental simple, nuestro cuerpo mental inferior las puede combinar y lograr así una imagen mental compuesta (por ejemplo una imagen de un lago, con el sonido del agua en la orilla, el olor de flores silvestres, el calor del sol en nuestra piel, etc.).

El análisis y la formación de imágenes constituyen lo que podríamos denominar las funciones del cuerpo mental inferior. Sabemos que la ciencia de la psicología da muchas más, pero luego veremos que las demás funciones son llevadas a cabo por otros cuerpos y no por este.

Es grande la diferencia entre Oriente y Occidente en este aspecto, porque Occidente, con su concepción del ser humano que llega sólo hasta el intelecto, le asigna todas las funciones al último de los cuerpos, el mental inferior, lo cual es erróneo a mi entender.

EL CUERPO MENTAL INFERIOR
PRODUCE IMÁGENES MENTALES

2. El cuerpo mental superior

En el mismo plano mental, pero mucho más elevado vibracionalmente que el mental inferior, encontramos al cuerpo mental superior. Aquí se crean los *pensamientos abstractos.*

Cuando aprendemos lo que es una rosa en botánica, cuando estudiamos el estómago en anatomía, la felicidad en filosofía, los números en matemáticas, o una fórmula en química, estamos hablando de conceptos abstractos.

El diccionario nos da la idea exacta de lo abstracto:

> *Abstracto:* (del lat. *Abstractus*). *Adj.* Que significa alguna cualidad con exclusión del sujeto.

Para que se pueda hablar de algo abstracto, la condición es que no se hable de un objeto en particular. La definición del diccionario lo expresa claramente: tiene que haber una exclusión del sujeto, y por lo tanto se habla de cosas generales que todos los sujetos de determinada clase poseen.

Pues bien, todo pensamiento que tenga esta cualidad de "lo abstracto" proviene del cuerpo (plano) mental superior, ya que el mental inferior no posee dicha capacidad.

Sería imposible estudiar cualquier ciencia sin la existencia del cuerpo mental superior y su capacidad de realizar abstracciones. Para llegar a una conclusión cualquiera, por ejemplo, de la constitución química de un grano de arena, deberíamos tomar todos los granos de arena que existen en el mundo y analizar uno por uno con nuestro cuerpo mental inferior, hasta llegar al último de ellos. Sólo en ese momento, podremos decir sin temor a equivocarnos que un grano de arena tiene "x" componentes en "y" proporciones.

Cuando no se pueden realizar abstracciones, la tarea es tan enorme que desanima a cualquier persona que tenga algo de curiosidad. Pero por suerte, dentro de nuestro sistema humano casi perfecto tenemos al cuerpo mental superior con esta función que nos resulta tan útil en estos casos.

El mental superior es el *primer cuerpo espiritual* dentro de la estructura del ser humano (ver pág. 54). Se dice que el plano mental superior es la envoltura más externa del alma, y se denomina MANAS en sánscrito.

Cuando, por medio de la meditación, accedemos plenamente a MANAS, obtenemos el estado de CHIT (sánscrito), que traducido sería algo así como 'el estado de conciencia pura abstracta'.

También en el cuerpo mental superior se encuentra el lugar de la memoria de todo lo aprendido en el aspecto mental a lo largo de todas las encarnaciones. A diferencia de los dos anteriores, este átomo permanente mental es denominado "unidad mental".

Forma parte del alma y la acompaña a lo largo de las distintas encarnaciones, llevando en sí todo lo aprendido en la esfera mental. Esto es lo que explica que haya ciertas habilidades con las que nosotros ya nacemos, y que son naturalmente fáciles. La razón de eso es porque ya las hemos practicado durante muchas vidas, y entonces hoy no nos cuesta casi nada ejercerlas.

En el cuerpo físico-etérico se captan *vibraciones*, que al pasar por el cuerpo emocional se impregnan de una cualidad, transformándose en *sensaciones.* En el cuerpo mental, estas sensaciones se transforman en imágenes mentales. Esto es lo que se denomina una *percepción.* Cuando se alcanza (no ocurre siempre) el cuerpo mental superior, estas percepciones se pueden transformar en *abstracciones.*

EL CUERPO MENTAL SUPERIOR PRODUCE
PENSAMIENTOS ABSTRACTOS

El cuerpo intuicional o buddhico

Como su nombre mismo lo indica, es en este plano donde encontraremos la fuente de la *intuición.* Volvemos al diccionario, donde su principal acepción es la siguiente:

> Facultad de comprender las cosas instantáneamente, sin necesidad de razonamiento.

La intuición es una forma de conocimiento instantánea, directa y total. No hace falta ningún análisis ni síntesis, ningún razonamiento, ninguna conclusión mental.

El conocimiento intuitivo es por definición completo y verdadero. Cuando alguien alcanza el conocimiento intuitivo, tiene la *certeza* de que ese conocimiento *es así*. Muchas personas se pasan días o semanas tratando de resolver algún problema hasta que, de repente y sin que medie razonamiento alguno... ¡llega la respuesta de manera completa e iluminadora! Y lo llamativo es que muchas veces eso ocurre durante alguna actividad de tipo mecánica, repetitiva, donde no hace falta que prestemos demasiada atención en la tarea. Bañarse, lavar los platos, barrer, manejar en un trayecto muy conocido, andar en bicicleta, caminar, son actividades mecánicas que no requieren más que una mínima atención consciente. Esto deja al resto de nuestra mente libre para elevarse hasta alcanzar el plano intuicional, y permitir que descienda desde ese plano la respuesta iluminada. En Oriente se dice que *cuando la luz de Buddhi* (el plano intuicional) *alcanza la percepción, tenemos la* ***comprensión****.*

Como podemos ver, para comprender algo debemos iluminarlo con el componente de la intuición. No se comprende con el cuerpo mental inferior ni con el superior... ¡**se comprende con el intuicional**!

Esto es lo que explica que una persona pueda entender intelectualmente un tema cualquiera pero tal vez nunca comprenderlo, porque son dos funciones distintas. En la escuela, un niño puede leer una oración de un libro, pero no comprender su significado. O puede ver escritos dos números 2 con un símbolo de suma entre ellos y luego el número 4 como resultado, pero no comprender la operación matemática de suma.

La comprensión, entonces, es algo muy distinto a la capacidad de entender los símbolos (lingüísticos, matemáticos, lógicos, etc.) que las personas conocemos.

Ya hemos dicho que en Occidente muchos creen que la mente es el último plano de nuestra estructura, y que esta es el plano más elevado por alcanzar (desconociendo y negando sistemáticamente los cuerpos sutiles o espirituales). A raíz de esto, comenzamos a confundir y mezclar conceptos al observar funciones que están más allá del intelecto…

> Si pensamos en abstracto, se lo asignamos a la mente inferior (intelectual)...
> Si comprendemos, se lo asignamos a la mente inferior...
> Si recibimos una intuición, se lo asignamos a la mente inferior…
> Si tenemos voluntad (como veremos luego) se lo asignamos a la mente inferior…

Así como a nadie se le ocurriría pensar que la digestión de un alimento corresponde al plano mental, ¡no deberíamos asignarle tampoco funciones que pertenecen a otros cuerpos más sutiles y elevados!

* * *

Ahora que vimos las funciones intuitiva y de comprensión de este plano, se puede seguir la secuencia completa del conocimiento de la siguiente manera:

Las *vibraciones* que el cuerpo físico capta del exterior…

> Son cualificadas como sensaciones en el cuerpo emocional, que luego…
> Son transformadas en percepciones o imágenes mentales en el cuerpo mental inferior…

Podemos inferir un concepto abstracto en el mental superior para...
¡Recién entonces comprender ese concepto en el plano intuicional!

EL CUERPO BUDDHICO
OTORGA LA COMPRENSIÓN

Desde el punto de vista espiritual, podríamos decir que si conseguimos acceder y permanecer plenamente en el plano buddhico durante la meditación, alcanzaremos en algún momento lo que se denomina el estado de ANANDA, palabra sánscrita que traducida al español sería algo así como la *bienaventuranza,* o el estado de amor crístico, incondicional, cósmico.

Otra función espiritual del plano buddhico es el estado de VIVEKA, cuya traducción al español sería *discernimiento,* que textualmente significa la distinción permanente entre lo real y lo no real (espiritualmente hablando).

Aquellos que meditan profundamente durante largo tiempo llegan entonces al estado de ANANDA y VIVEKA, irradiando bienaventuranza, paz, amor infinito, y una clarísima visión instantánea que distingue lo que es espiritualmente verdadero de lo que no lo es.

El cuerpo espiritual o átmico

En este plano encontramos lo más elevado de la espiritualidad accesible desde nuestro nivel humano. El cuerpo átmico es aquel donde encontraremos la Voluntad Espiritual. La voluntad es otra de las funciones que solemos asignar a la mente, cuando no le corresponde. No es pertinente a la mente el poseer voluntad. Toda vez que nosotros queramos aumentar o estimular esa función, deberemos invocar la energía que pertenece a este plano tan sutil de nuestra constitución. Al aspecto "voluntad" de Dios le corresponde la tarea de crear y mantener al universo en su devenir.

En sánscrito existe el vocablo SAT que significa *lo que es*, lo absoluto. Los tres conceptos SAT-ANANDA-CHIT conforman una trilogía que puede considerarse análoga al concepto tríptico de PADRE-HIJO-MADRE (respectivamente) de las distintas disciplinas espirituales del mundo.

El cuerpo monádico

La mónada podría ser definida como *el espíritu* para los occidentales. Espíritu y alma no son sinónimos, sino que son diferentes. El espíritu es la *chispa*, esa partícula divina que cada ser lleva internamente y que nos hace parte de un todo integrado universal. El alma es un reflejo en miniatura de la mónada.

Blavatsky, en su *Glosario teosófico* (ya mencionado antes) dice con respecto al espíritu:

> El Espíritu (Âtman) es uno con lo Absoluto, como una radiación suya... No debe confundirse con el Alma. "La Materia es el vehículo para la manifestación del Alma en este plano de existencia, y el Alma es el vehículo, en un plano más elevado, para la manifestación del Espíritu, y los tres forman una trinidad sintetizada por la Vida que los impregna a todos ellos". (Doctr. Secr., I, 80)... San Pablo establece también claramente la distinción entre Alma y Espíritu, en los pasajes siguientes: "Y el Dios de paz os santifique en todo, para que vuestro espíritu y alma y cuerpo sea guardado entero" (I Tesalon, V, 23); "Porque la palabra de Dios es

viva y eficaz y más penetrante que toda espada de dos filos, y alcanza hasta partir el alma, y aun el espíritu" (Hebr., V, 12).

Si ya es difícil establecer contacto con el alma de cada uno de nosotros, ¡imagínense con el espíritu! De cualquier manera, lo que resulta importante es que no los consideremos sinónimos.

Una vez que hemos comprendido que el espíritu, el alma y la personalidad son tres cosas distintas, podemos concebir cómo es el camino de elevación espiritual en sus diversas etapas.

La primera es la integración de la personalidad como un todo; cuerpo físico, cuerpo emocional y cuerpo mental (inferior) deberían integrarse de tal manera de conformar un sistema coherente y armónico que pueda servir para la expresión plena del alma en la vida encarnada.

Una vez integrada totalmente la personalidad, sigue la etapa de la integración con el alma. Esta integración puede demorar un largo tiempo (muchas vidas) hasta que se consigue. Como la personalidad y el alma están separadas y tienen un "espacio" que las separa, es preciso construir sutilmente un puente que las una. En sánscrito, este puente se llama ANTAKARANA (puente del arco iris), y la construcción de dicho puente puede demandar enormes cantidades de energía y tiempo de la personalidad, en pos de esa unión anhelada. Según ciertos maestros, el ANTAKARANA es construido sobre la base de *meditación, estudio y servicio espirituales* a lo largo de muchas vidas.

Cuando se logra la integración personalidad-alma, sigue la siguiente etapa de integración entre personalidad-alma y espíritu (o mónada), que demanda el mismo o incluso mayor tiempo que la etapa anterior. También aquí es precisa la construcción de otro ANTAKARANA, pero esta vez entre la personalidad-alma y el espíritu.

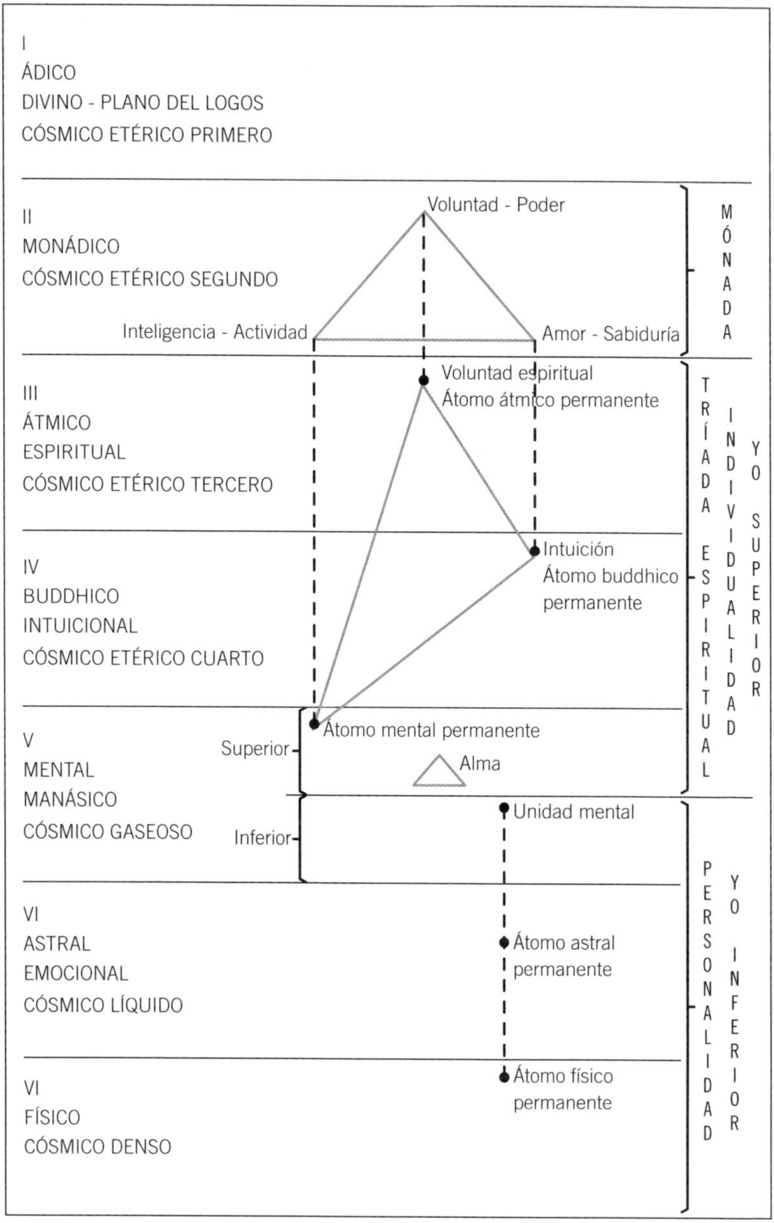

La estructura del ser humano.

El cuerpo divino o ádico

Resulta prácticamente imposible describir o definir desde nuestra situación encarnada lo que significa este último cuerpo, porque este es totalmente sutil y constituye la etapa final de integración, en la que no necesitaríamos encarnar más, ya que habríamos alcanzado la re-unión con el Padre. Este paso final es lo que en otras disciplinas se conoce como *el retorno a la Fuente.*

En mi primer libro describo al cuerpo ádico como la porción no manifestada de la divinidad. Es la idea primigenia, "el Verbo" del que hablan las escrituras. No es posible la creación sin una idea previa que dirige esa misma creación. Este cuerpo, por lo tanto, tendría la función de contener en sí mismo la idea germinal de todo lo que luego será concreto y manifiesto.

CAPÍTULO 2

La armonía

La armonía es un concepto fundamental para poder comprender la idea de *salud perfecta* como una meta elevada para todos los seres humanos.

El *Diccionario de la Real Academia Española* nos brinda varias definiciones de la palabra *armonía:*

- Unión y combinación de sonidos simultáneos y diferentes, pero acordes.
- Bien concertada y grata variedad de sonidos, medidas y pausas que resulta en la prosa o en el verso por la feliz combinación de las sílabas, voces y cláusulas empleadas en él.
- Conveniente proporción y correspondencia de unas cosas con otras.
- Amistad y buena correspondencia.
- Arte de formar y enlazar los acordes.
- Otros.

Como las dos primeras definiciones tienen relación con la

música y la literatura, las dejaremos de lado por el momento. La tercera definición sí tiene que ver con nuestro tema en cuestión. "Conveniente proporción y correspondencia de unas cosas con otras" es la idea que debemos reflexionar juntos.

Hemos visto en el capítulo anterior que estamos constituidos por distintos cuerpos, unos más sutiles que otros. Sabemos que alma y espíritu no son lo mismo; el espíritu posee una dimensión mucho mayor que el alma, y a su vez el alma posee una dimensión mucho mayor que la personalidad. El alma refleja al espíritu, y la personalidad debería reflejar al alma, pero lamentablemente esto no sucede y es justamente lo que acarrea un sinfín de problemas en la humanidad.

Por todo lo explicado, uno de los grandes desafíos que tenemos los seres humanos en nuestra existencia (tal como se dijo en el capítulo anterior) es la integración completa de todos los planos que componen nuestro ser. La tarea no se realiza de cualquier manera, sino que tiene pasos o etapas secuenciales que no deben ser salteados porque entonces esta integración completa fracasa.

La integración

1. Integración de la personalidad

El primer paso es la integración de los tres cuerpos que componen la personalidad.

Nuestros cuerpos físico, emocional y mental deben formar un todo coherente. Deberíamos pensar, sentir y actuar de manera armónica, algo que no se observa casi nunca. Lo más común es ver, como luego trataremos en mayor detalle en otro capítulo, personas que piensan lo que no sienten, sienten lo que no piensan, hacen cosas que no sienten ni piensan, etc.

Ser coherentes en lo que pensamos, sentimos y hacemos es una tarea enorme que muy pocas personas realizamos de manera completa.

Llegar a tener una personalidad integrada es fruto de un **entrenamiento**, lo que quiere decir que depende del trabajo interno y nunca es fruto de la suerte o de algún acontecimiento "iluminador" determinado. Años de pruebas y errores, de retrocesos, de intentos, de caer y levantarnos, de proponernos la coherencia como una meta superior, son los que transcurren hasta que algún día (si es que este día llega en esta encarnación) tomamos conciencia de que somos una unidad que piensa, siente y actúa armónicamente.

En el año 1989 comencé a estudiar psicoterapia gestáltica con Mabel Allerand. El curso era teórico-vivencial, de manera que a medida que se iba aprendiendo la técnica, lo mismo se vivenciaba personalmente. Era común que durante la clase, y sin mediar causa alguna, Mabel señalara a cualquiera de los alumnos y le preguntara:

> ¿Qué estás sintiendo en este momento?
> ¿En qué parte de tu cuerpo ubicarías eso que estás sintiendo ahora?
> ¿Y qué estás pensando?
> ¿Podrías diferenciar entre pensamiento y sentimiento?

Todo el tiempo, durante esos tres años, Mabel nos entrenó en distinguir con toda claridad qué estaba pasando en nuestro interior. Al finalizar esos años de entrenamiento, cada uno de nosotros se convirtió en una Gestalt autoconsciente, que es mucho más que un psicoterapeuta gestáltico.

En la psicoterapia gestáltica el terapeuta trabaja con todo su ser (no sólo con su mente). Debe estar totalmente consciente de lo que está sintiendo y pensando en cada momento de la sesión terapéutica, porque eso es un material utilísimo a la hora de explorar temas en la vida del paciente. La sesión terapéutica gestáltica se convierte así en una experiencia única entre dos seres que comparten el aquí y el ahora en un cuidado ambiente de intimidad.

Como vemos, el trabajo de integración de la personalidad es lento y progresivo. Podríamos decir que la persona común, el ser humano medio, no presta atención a aquello que está pensando y sintiendo en cada momento. Lo más común de observar es que muchas personas no saben por qué hicieron tal o cual cosa en sus vidas, ni por qué tuvieron hijos o cómo se fueron colocando en la situación en la que se encuentran actualmente. Parecería, como me dijo un paciente hace poco, que "la vida nos sucede", cuando en realidad somos nosotros quienes deberíamos vivirla.

La integración de la personalidad se realiza con la firme intención de estar plenamente conscientes de aquello que pensamos, sentimos y actuamos en cada instante de nuestra vida. Esta es la meta final.

Y cuando lo hemos logrado, cuando somos plenamente conscientes de aquello que pensamos, sentimos y actuamos, y conseguimos hacerlo de una manera coherente… ¿Ya está? ¿Hemos llegado a la meta?

Muchas personas creen que con integrar la personalidad ya basta, pero esto es sólo el primer paso. Nos faltan otros componentes importantísimos a fin de que seamos personas útiles para la humanidad, porque... ¡la personalidad integrada no tiene ideales elevados ni valores morales!

Para ilustrar este punto suelo utilizar el ejemplo de un delito. Un ser humano puede pensar, sentir y ejecutar un secuestro extorsivo así como la venta de armas, una estafa o un robo a un banco. Lo mismo puede decirse de ejemplos menos extremos y más cotidianos como una murmuración, una mentira, una infidelidad, etc.

En todos estos ejemplos, dicho actos pueden ser realizados sin ninguna dificultad por una personalidad integrada. Sólo hace falta que se piense, se sienta y se actúe armónica y coherentemente para definirlo así.

Está claro que muchos dirán que estos actos son "malos", "antisociales", "inmorales", etc. Podemos estar de acuerdo con esos argumentos o no, pero lo que no podemos discutir es que si se realizaron de manera coherente y armónica, esos actos fueron ejecutados por una personalidad integrada.

Llegados a este punto, muchas personas me preguntan lo siguiente:

¿Entonces para qué me sirve integrarme si puedo cometer actos equivocados?

Y es que sólo hemos completado *una parte de la integración total*, y nos faltan componentes esenciales para que nos consideremos seres elevados o simplemente útiles a la humanidad.

2. Integración de la personalidad con el alma

Cuando hemos conseguido integrar nuestra personalidad de forma completa, es el momento de transitar por el segundo tramo del camino evolutivo. Esta etapa es la integración de la personalidad con el alma.

La tarea es mucho más ardua que la anterior, ya que implica la utilización de una disciplina férrea y el establecimiento de metas elevadas. El lento trabajo de integrar la personalidad con el alma puede demandar muchas vidas. Consiste en el acercamiento progresivo al alma a través de la meditación, el estudio y el servicio.

A casi todos nos han enseñado de niños que "tenemos un alma en alguna parte de nuestro ser", ¡y si decimos esto es porque no estamos en contacto íntimo con ella!

Hay personas que relatan algún contacto esporádico con el alma, y esto es lo que se denomina una experiencia de "éxtasis". Sucede así, por ejemplo, cuando alguien se encuentra en un paisaje que lo sobrecoge o cuando ha tenido vivencias cercanas a la muerte, etc. Son acontecimientos tan fuertes para el cuerpo emocional que su recuerdo perdura toda la existencia, y muchas veces la vida entera cambia de significado luego de ellos. Ahora bien, una experiencia de este tipo puede ocurrir una vez en la vida, dos veces, ¡o tal vez nunca!

El trabajo que proponen las distintas disciplinas espirituales del mundo se refiere a la lenta tarea que termina siendo coronada por el establecimiento de una unión firme y consciente de la personalidad con el alma, de tal modo de poder mantener ese contacto a voluntad y permanentemente de aquí en más.

En casi todas las disciplinas espirituales se equipara este proceso con la construcción de un puente. Ya sabemos también que la personalidad está separada del alma. Que hay un espacio que las separa, y entonces lo que hay que construir para unirlas es un puente, el ANTAKARANA ("el puente del arco iris"). Cuando terminamos de construirlo, la personalidad y el alma quedan totalmente conectadas, de la misma manera que una isla próxima a un continente puede ser unida por un puente y, al finalizar la construcción, la isla pasa a ser parte inseparable de la masa continental.

Y una nota curiosa para los católicos. ¿Cómo se dice "constructor de puentes" en latín?: ¡Pontífice! En el cristianismo también se habla de la construcción de un puente... ¡pero nadie explica cuál es ni para qué sirve! Si *pontífice* es un constructor de puentes, entonces cuando hablamos de la construcción de un puente entre la personalidad y el alma, textualmente estamos *pontificando.*

Todos los sacerdotes (que trabajan incansablemente para que construyamos el puente ANTAKARANA) son pontífices; y de todos los sacerdotes, el papa católico es el *sumo pontífice.*

Llama la atención que cuando se estudia un tema espiritual en profundidad, encontremos similitudes tan enormes entre distintas religiones como las que hemos visto en el párrafo anterior, y que dichas religiones no las divulguen masivamente para integrar más a la raza humana. Este es un desafío pendiente para los líderes religiosos del planeta: integrarse entre ellos para luego integrar a todos los seres humanos.

Cuando la personalidad se integra con el alma de esta manera completa y genuina, *dejamos de ser personas que tenemos un alma "por ahí", para pasar a ser almas conscientes que tenemos una personalidad para expresarnos.* La frase anterior parece un juego de palabras, pero su significado es diametralmente distinto uno de otro. "Tener" un alma no es lo mismo que "Ser" un alma autoconsciente.

Es en este momento de la explicación que muchos me preguntan: ¿y cuántos seres existen en este momento que se hayan integrado con su alma? Muy pocos, tal vez podríamos contarlos con los dedos de las manos en todo el planeta. De cualquier manera, no hay que descorazonarse, porque un solo ser que haya integrado la personalidad con su alma realiza una tarea tan enorme que casi todos han dejado huella en la historia y serán recordados por muchísimo tiempo.

Cuando evocamos un ser que haya conseguido su integración con su alma, nuestro corazón se conmueve. Pensemos en la madre Teresa de Calcuta, en Vivekananda, en Luther King, en Paramahansa Yogananda, en Ghandi (por nombrar sólo unos pocos), y sentiremos en nuestros corazones una corriente de dulce emoción, aun sin compartir sus creencias religiosas o políticas.

Si comparamos estos grandes y escasos seres con los siete mil millones de personas que poblamos el planeta, nos daremos cuenta rápidamente de cuán poco desarrollada está la humanidad en la escala de evolución espiritual.

A partir del momento en que la personalidad se integra con el alma, todo cambia de significado, porque al ser un alma autoconsciente actuamos sólo en función de la Verdad, el Amor, la Belleza, la Bondad, la Compasión, la Justicia, etc. (utilizo los términos con mayúscula para denotar los valores espirituales absolutos).

3. Integración de la personalidad-alma con el espíritu

El Maestro Tibetano Djwal Khul nos dice en su libro *La curación esotérica* lo siguiente:

> Oportunamente la integración produce la síntesis. Las numerosas integraciones cíclicas, llevadas a cabo durante el gran ciclo de vida de un alma encarnante, conducen a la síntesis final, alma y espíritu, meta del proceso evolutivo en lo que concierne a la humanidad. Después de la tercera iniciación permite al hombre liberarse de la "atracción" de la sustancia en los tres mundos y adquirir la consiguiente habilidad de aplicar con plena comprensión la Ley de Atracción en sus variadas fases, en lo que al proceso creador concierne.

Resulta muy difícil desarrollar la idea de una integración entre alma-personalidad y espíritu, porque sólo hay contados ejemplos en la historia de la humanidad de seres que han completado dicha integración. Estos seres son los guías espirituales de la humanidad.

De cualquier manera, y aunque nos resulte inimaginable dicha etapa en nuestro nivel evolutivo actual, no debemos excluirla del mapa completo del camino que deberemos recorrer alguna vez en el futuro.

CAPÍTULO 3

Las fricciones

Hemos visto hasta ahora que el ser humano posee una estructura mucho más compleja de lo que creíamos. También dilucidamos el concepto de armonía, y lo difícil que es alcanzarla.

Si nuestros cuerpos no funcionan de manera armónica, si cada uno tiene un interés distinto en cualquier área de nuestra vida, sobreviene fricción entre ellos.

El diccionario dice de *fricción* lo siguiente:

- Acción y efecto de friccionar.
- Roce de dos cuerpos en contacto.
- Desavenencias entre personas o colectividades.

Tenemos entonces el concepto de fricción, en el que observamos que cuando dos cuerpos entran en contacto pueden friccionar, así como cuando hay desavenencias entre personas o colectividades (o entre cuerpos que componen el ser).

Los distintos tipos de fricción que podemos encontrar en nuestro sistema son:

1. Fricción entre el alma y la personalidad
2. Fricción dentro del cuerpo mental
3. Fricción entre el cuerpo mental y el emocional
4. Fricción dentro del cuerpo emocional

1. Fricción entre el alma y la personalidad

Ya vimos en el primer capítulo que, de acuerdo al budismo, el alma posee tres cualidades que son propias de ella y que la definen: Bondad, Belleza y Verdad (con mayúscula, porque representan las cualidades perfectas espirituales).

La voz de nuestra alma todo el tiempo envía señales a nuestra mente sobre lo que debemos hacer (espiritualmente hablando). Esos dictados del alma obedecen a alguno de los tres principios que detallamos anteriormente, por lo que cualquier pensamiento, palabra o acto de nuestra personalidad debería tender hacia la Bondad, la Belleza o la Verdad. "Debemos ser veraces, debemos atender las necesidades del prójimo, debemos guardar silencio antes de ofender, debemos... debemos... debemos...". Son los dictados del alma.

Esta voz no se detiene en ningún instante a lo largo de toda nuestra vida.

¿Y qué hace nuestra personalidad? ¿Obedece las sugerencias de su propia alma?

En los talleres y conferencias que dicto a lo largo de mi país, suelo hacer un chiste cuando llego a este punto: Así como el alma tiene una tríada de Bondad, Belleza y Verdad, nuestra personalidad también posee una tríada: "¡sexo, droga y rock and roll!" (risas).

La personalidad sin la dirección del alma produce los actos más bajos que nos podamos imaginar: es egoísta, busca sólo el placer, el poder, el disfrute en todas sus formas sin importar nada ni nadie. Para la personalidad sin guía superior, el prójimo es algo que directamente no existe, que no tiene ninguna importancia y del que no nos debemos ocupar.

Por todo lo dicho anteriormente, cuando nuestra alma, en una voz casi inaudible, nos dice que debemos ser buenos, bellos, verdaderos, justos, libres, alegres, que no debemos murmurar, que no debemos revelar secretos, etc.; a este pedido de nuestra alma, nuestra personalidad dice por oposición: "Ni loco obedezco eso. Yo quiero tener placer, poder, dinero, no me interesa nadie más que yo, no me preocupa nada más que mi propio placer y disfrute, voy a hacer lo que tenga que hacer para pasarlo bien, y todo lo demás no me importa nada".

Observemos a nuestro alrededor, leamos los diarios o miremos un noticiero, y veremos que las personalidades de muchísimos seres humanos están trabajando a pleno para obtener su propio beneficio y placer personal sin importarle nada más que eso.

Instruyendo sobre este tema del alma y la personalidad en relación con la enfermedad, el Maestro Tibetano Djwhal Khul, en su libro *La curación esotérica*, menciona la primera ley de curación esotérica, que dice lo siguiente:

> Toda enfermedad es el resultado de la **inhibición de la vida del alma**. Esto es verdad para todas las formas de todos los reinos. El arte del curador consiste en liberar al alma, a fin de que su vida pueda fluir a través del conglomerado de organismos que constituyen una forma determinada. [1]

Pensemos un poco en lo que dice esta ley: "Toda enfermedad es el resultado de la inhibición de la vida del alma". Nuestra alma

[1] N. del A.: El destacado es mío.

debería expresarse libremente a través de la personalidad, pero sabemos que eso no es lo que ocurre. Justo cuando inhibimos la expresión de la vida de nuestra alma, surge la fricción y la enfermedad consecuente.

Después sigue diciendo: "esto es verdad para todas las formas de todos los reinos". Como vemos, la libre expresión de las almas no sólo es inhibida en el reino humano, sino que también sucede en los reinos animal, vegetal e incluso en el mineral.

La tarea sanadora en el plano espiritual consiste justamente en dejar que el alma se exprese, como sigue diciendo la ley: "el arte del curador consiste en liberar al alma, a fin de que su vida pueda fluir a través del conglomerado de organismos que constituyen una forma determinada". El conglomerado de organismos quiere decir un conjunto de todas las células (seres vivos) que conforman el cuerpo humano (una forma). Si conseguimos que una persona se enfoque en lo esencial, que mire su propia alma en lugar de su personalidad, que consiga pulir sus cuerpos físico, emocional y mental de tal manera que su alma se pueda expresar con todo su esplendor a través de estos cuerpos, entonces lo más probable es que haya un sistema (ser humano) saludable. Cuando hablamos de "saludable", no estamos diciendo que no habrá enfermedad alguna, porque, como se dice en el *Bhagavad Gita*, "la enfermedad es inherente a la forma encarnada". Esto quiere decir que por el solo hecho de encarnar en este planeta estamos propensos a enfermar. Un estado saludable significa que deberíamos enfermar una o dos veces en toda nuestra vida, y no decenas de veces como nos sucede a casi todos nosotros.

Cuando el alma dicta el curso a seguir, y nuestra personalidad se opone tan fuertemente, el juego de fuerzas que friccionan es enorme. Y esta fricción muchas veces no queda en su propio plano, sino que lentamente precipita hasta la parte más baja de nuestra estructura.

En ocasión de mis conferencias sobre este tema, suelo decir que el cuerpo físico funciona "como el fondo de una taza de café". Muchos solemos echar azúcar para endulzar el café. A veces ocurre que le agregamos demasiada azúcar o revolvemos poco, y entones el azúcar *cae al fondo de la taza* y queda ahí.

Al hablar de fricciones podemos utilizar el mismo ejemplo. Si alguna fricción precipita (como el azúcar en el café), lo hará muchas veces hasta el fondo, que es el cuerpo físico y el que posee mayor densidad de toda nuestra estructura (ver el esquema en pág. 54).

En algunos casos esta fricción no llega al cuerpo físico y queda en cuerpos intermedios (el mental o el emocional) produciendo como consecuencia un conflicto intra o interpersonal, que altera la vida de relación normal con nosotros mismos o con los demás (campo de trabajo de las diversas psicoterapias).

2. Fricción dentro del cuerpo mental

El segundo punto de fricción importante es el que ocurre dentro del cuerpo mental.

Toda vez que haya dos pensamientos que se opongan y entren en lucha, estaremos frente a una fricción dentro del cuerpo mental.

La duda es un ejemplo típico de fricción mental. Cuando alguien duda, tiene dos pensamientos (por lo menos) con direcciones opuestas uno de otro, donde cada uno tiene sus propias argumentaciones a favor y en contra. Esta lucha entre dos pensamientos produce un choque de fuerzas importante dentro del cuerpo mental. Y no debemos olvidar (como mencioné anteriormente) que esta fricción muchas veces no queda circunscripta a su propio plano, sino que puede precipitarse a cuerpos más densos que el mental mismo, en este caso el emocional (generando trastornos o alteraciones emocionales o vinculares con uno mismo o con el entorno) o el físico (generando alteraciones en la función, primero, y en la estructura, luego).

Todas las indecisiones, las dudas, las crisis vocacionales, los conflictos psicológicos mentales, etc., integran el grupo de fricciones que ocurren dentro del cuerpo mental. En este tipo de fricción no interviene el alma ni el cuerpo emocional. Todo aquello que fricciona se encuentra dentro del mismo cuerpo mental; son pensamientos contra pensamientos.

Este tipo de fricción es algo muy frecuente de observar en Occidente, porque es en esta parte del planeta donde se simboliza la actividad de la mente intelectual. Hay ciertos maestros espirituales que postulan que Occidente representa "la mente" mientras que Oriente representa "el corazón". Occidente provee al planeta de la ciencia y la tecnología (mente) mientras que Oriente provee al planeta de espiritualidad (corazón y devoción). No existe un solo maestro espiritual genuino de importancia que provenga de Occidente... Pensemos un poco y sólo encontraremos orientales en el rubro de maestros espirituales.

Por esta razón también es que muchas meditaciones orientales tienden a dirigir la atención hacia la cabeza, que es el centro al que debe llevarse más energía, porque el corazón ya la tiene. En Occidente, en cambio, debería llevarse la energía al corazón, porque la "cabeza" ya está suficientemente desarrollada. Tengamos esto muy en cuenta, porque no todas las técnicas de meditación deben seguirse tal cual han sido enseñadas en su lugar de origen, ya que deberían adaptarse al lugar donde uno está, con sus características particulares, como acabamos de ver en las diferencias de Oriente y Occidente.

3. Fricción entre el cuerpo mental y el cuerpo emocional

Cuando explico el tema de la fricción dentro del ser humano, lo primero que surge como ejemplo para la mayoría de las personas es este tipo de fricción entre el cuerpo emocional y el mental: Toda vez que pensamos algo que no sentimos, o que sentimos algo que no pensamos, estamos generando una fricción entre estos dos cuerpos.

Otra situación muy habitual es el conflicto entre el hacer y el sentir. Estamos plagados de personas a nuestro alrededor que hacen lo que no sienten, sienten lo que no hacen, conflictos entre el sentir y el pensar, personas que quieren hacer algo pero sienten que no está bien, o sienten hacer algo pero piensan que no es lo correcto o lo que está bien socialmente, etc. No pasa una semana sin que venga un paciente a plantearme en mi consultorio un conflicto con estas características.

Las posibilidades de precipitación en este tipo de casos son iguales a las del caso anterior.

4. Fricción dentro del cuerpo emocional

El mundo emocional es alocado, irracional, incoherente, cambiante. En muchas escuelas espirituales se lo simboliza con el agua por esa razón. Un océano es como nuestras emociones y sentimientos. De repente está calmo y sin viento, y en horas cambian todas las condiciones meteorológicas y se genera una tempestad capaz de hundir al mejor barco. Olas de quince metros pueden formarse de la nada, vientos huracanados, lluvias torrenciales, etc. En nuestro interior sucede lo mismo con nuestras emociones. Podemos sentir amor y odio simultáneamente por la misma persona, podemos entrar a un velatorio y sentir alegría coexistiendo con una profunda pena.

¿En cuántas ocasiones nos hemos encontrado con un choque

de pasiones al que no le encontramos ninguna lógica ni coherencia?

Dentro del mundo emocional no existe la lógica ni la razón, ambas cualidades del mundo mental. Es esta la razón por la cual podemos sentir cosas ilógicas y que además nos hagan daño. Por ejemplo, podemos enamorarnos de una persona peligrosa para la integridad física o mental, y aun así continuar sintiendo lo mismo, aunque la razón nos diga que eso es dañino.

Estos y muchos casos más son ejemplos donde podemos encontrar fricciones dentro del cuerpo emocional.

Aquí las posibilidades de precipitación de las fricciones se restringen, porque ya no está involucrado el plano mental. Pueden permanecer en su propio plano (determinando un conflicto emocional intra o interpersonal) o precipitar "hasta el fondo de la taza", nuestro cuerpo físico, lo cual veremos con más detalle en el próximo capítulo.

CAPÍTULO 4

Destino de las fricciones

Vimos en el capítulo anterior que a medida que vamos viviendo se instalan puntos de fricción dentro de nosotros, que alteran el equilibrio del sistema.

¿Qué sucede con dichos puntos de fricción?

Veamos...

La cicatrización emocional o mental

Cuando nuestro sistema detecta un punto de fricción, inmediatamente pone mecanismos a funcionar con la finalidad de recuperar el equilibrio perdido.

En la ciencia médica existe una palabra que define al conjunto de procesos que tienen por finalidad mantener el equilibrio. Esa palabra es *homeostasis.*

Veamos en el diccionario *homeostasis* (del griego ὁμοιο *homeo,* semejante, y στάσις, posición, estabilidad):

- Conjunto de fenómenos de autorregulación, que conducen al mantenimiento de la constancia en la composición y propiedades del medio interno de un organismo.
- Autorregulación de la constancia de las propiedades de otros sistemas influidos por agentes exteriores.

Es interesante la justeza de ciertos términos griegos, ya que dos palabras casi idénticas (difieren en una sola letra), *homeo* y *homo,* significan cosas distintas. Mientras *homo* significa *igual*, *homeo* significa *similar.*

La tendencia de nuestro organismo es procurar mantener su estado de manera *similar*, porque resulta imposible mantenerlo igual en todo momento. Nadie tiene su temperatura corporal en 36,4 ºC toda su vida. Oscilamos entre 35,5 ºC y 36,5 ºC, es decir que mantenemos un estado similar (no igual).

Para mantener lo más constante posible nuestro estado interno a lo largo de toda la vida, debemos volver una y otra vez a la situación en la que estábamos antes de que el desequilibrio ocurriera. Esto sucede miles de veces cada día durante toda nuestra vida. Por ejemplo, ya dijimos que el cuerpo humano debe tener una temperatura de entre 35,5 ºC y 36,5 ºC para que su funcionamiento sea óptimo. En el caso de una disminución de la temperatura corporal, se ponen en juego mecanismos de regulación para procurar retornar al estado normal. Entonces temblamos de manera involuntaria para aumentar la temperatura con la contracción muscular. Los vasos sanguíneos de la piel se cierran todo lo posible para evitar la pérdida de calor a través de ella. La postura corporal se cierra (podemos adquirir una posición fetal) para disminuir la superficie corporal expuesta al frío, etc. De manera inversa, cuando la temperatura corporal aumenta, los vasos sanguíneos de la piel se dilatan para aumentar la pérdida de calor, eliminamos sudor para que el agua, al estar en contacto con el exterior, se evapore, abrimos la superficie corporal para que se pierda calor todo lo posible (la posición "despatarrada" al dormir en noches de calor), etc. Podría citar ejemplos de homeostasis corporal para casi todo en el organismo, como los niveles de hormonas, minerales, glucosa, proteínas, colesterol y sus fracciones, la presión arterial, la frecuencia y profundidad respiratorias, el equilibrio hídrico, entre otros.

Si bien la palabra *homeostasis* está descripta en fisiología, es decir que tiene que ver directamente con el funcionamiento normal del cuerpo físico, yo he encontrado que esto *ocurre también en todos los demás planos que componen la personalidad*, existiendo entonces una homeostasis física (que ya mencionamos), una homeostasis emocional y una homeostasis mental (el plano espiritual es el único que no requiere homeostasis porque, por definición, está siempre en equilibrio).

EXISTE HOMEOSTASIS FÍSICA,
EMOCIONAL Y MENTAL

De la misma manera que lo explicado con el cuerpo físico, al detectar una fricción en los planos sutiles (emocional o mental) se ponen en juego mecanismos para tratar de volver al equilibrio. Estos mecanismos son más elaborados y sutiles que los físicos, pero mecanismos de regulación al fin.

La tendencia natural a la cicatrización de las heridas también es un proceso de homeostasis. Si accidentalmente nos cortamos la piel de un dedo mientras cocinamos, entra en juego el mecanismo de cicatrización, y en diez días la piel estará cicatrizada y la herida cerrada. Esto es propio del cuerpo y no depende de nuestra voluntad, porque es un mecanismo automático e inconsciente.

Ahora bien, si dijimos que la homeostasis puede ser física, emocional y mental, también tendríamos mecanismos de cicatrización a nivel emocional o mental, con la diferencia de que en estos dos últimos planos hay ciertos requisitos que deben existir para que dicha cicatrización se pueda concretar.

Requisitos para la cicatrización (homeostasis) emocional o mental

Como en muchas situaciones de nuestra vida, cuando no hacemos algo puede ser por tres razones: no sabemos (no tenemos conciencia del problema); no podemos (no tenemos recursos para resolver un problema) o no queremos (sabemos y podemos, pero elegimos no resolver el problema. Analicemos cada uno de los requisitos necesarios para lograr la cicatrización:

1. Conciencia de la fricción (no saber)

Cuando somos conscientes de una fricción emocional o mental, hay mecanismos que procuran "cicatrizar" dicho conflicto. Pero para que estos mecanismos actúen, el punto de fricción *debe estar presente en nuestra conciencia.* Si ese conflicto o fricción pasó al mundo inconsciente, entonces estos mecanismos dejan de actuar (no se puede cicatrizar lo que no se "ve" o no se detecta).

Existen innumerables ejemplos de esto, así que elijamos uno cualquiera: un duelo. En los primeros tiempos luego de la muerte de un ser querido, el dolor es máximo y dura casi todo el día. Pero al pasar los meses, de pronto descubrimos que un día, durante tal vez una hora, no estuvimos abrumados por la tristeza. Siguen pasando los meses y nos damos cuenta de que ya son varias las horas diarias que podemos estar sin esa pena desgarradora. Luego de un año, tal vez podamos pasar varias horas o incluso un día entero sin pensar en el ser querido. Después de dos años, nuestros días pasan sin sentir casi la tristeza (los tiempos son variables, porque un duelo puede durar más que esto o menos). A este proceso lento de reparación a través del tiempo es lo que yo llamo *mecanismo de cicatrización emocional*, y somos muchos los que lo hemos experimentado en persona al cicatrizar hechos dolorosos de nuestra vida.

El problema surge cuando no lo tenemos a la vista y lo volvemos inconsciente, porque entonces no se puede cicatrizar de manera adecuada. Freud postulaba este concepto al decir que la tarea del psicoanálisis era "volver consciente lo inconsciente", porque al salir a la luz ese conflicto podía repararse de manera adecuada.

Existen un sinfín de fricciones que han ingresado a nuestro mundo inconsciente y desde allí se mantienen siempre presentes, frescas (como si acabaran de ocurrir), vitales, íntegras, aunque hayan tenido lugar en nuestra infancia o hace años. Para el inconsciente no existe el tiempo cronológico, entonces todo lo que existe en el mundo inconsciente pertenece a un eterno presente. Todo "acaba de ocurrir".

Por lo dicho, la conclusión es...

ES IMPOSIBLE CICATRIZAR
UNA FRICCIÓN QUE NO SE PERCIBE

2. Poseer recursos mentales o emocionales adecuados para la cicatrización (no poder)

Ya dijimos que cuando un punto de fricción se resuelve a través de un mecanismo homeostático mental o emocional, entonces todo vuelve al inestable equilibrio que llevamos a lo largo de toda la vida. Pero puede ocurrir que esos mecanismos no funcionen adecuadamente porque no sabemos o no podemos resolver dicho conflicto de forma adecuada. Somos muchos los que carecemos de recursos apropiados para "metabolizar" un conflicto o un trauma en nuestra vida.

Supongamos que algo muy duro nos ocurre cuando tenemos 3, 4 o 5 años. Es indudable que a esa edad no poseemos ni la décima parte de los recursos que tenemos en la edad adulta. Muerte de un padre o una madre, enfermedades graves, abusos, violencia doméstica, traumas infantiles de los que abundan en nuestra sociedad hoy en día son sólo algunos ejemplos de lo que puede ser un trauma grave. Estos conflictos o zonas de fricción quedan sin poder metabolizarse a esa edad y pasan al inconsciente para permanecer intactos a lo largo de toda la vida.

También puede ocurrir algo en la edad adulta para lo que no estábamos preparados, como un hecho traumático intenso (guerras, cataclismos, etc.) o, lo que es más común, que no tengamos las herramientas adecuadas para todos los conflictos que soportamos a lo largo de nuestra vida (muchas veces tenemos recursos para algunos, pero no para todos).

Hasta ahora he puesto causas de no-cicatrización frente a acontecimientos graves de la vida. Pero podemos incluir aquí mandatos, creencias sobre nosotros y sobre el mundo que son impuestas en nuestra más tierna infancia durante nuestra educación y frente a los cuales no tenemos ningún filtro, es decir que ingresan a nuestro mundo mental y pasan a formar parte de él como verdaderos cimientos sobre los cuales construimos nuestra imagen del mundo. Pensamientos tales como:

"El mundo es peligroso"
"El mundo es injusto"
"El mundo es un valle de lágrimas"
"Todos los hombres que valen la pena están casados"
"No hay ninguna mujer inteligente"
"Los hombres sólo piensan en sexo"
"Yo no valgo"
"Yo no sirvo"
"Estoy sola"
"Nadie me va a querer"
"Soy inútil"
"Soy una idiota"
"Soy torpe"
"Todos los abogados son deshonestos"
"Todos los ingenieros son mentalmente rígidos"

Y podemos seguir colocando miles de "todos…", "siempre…", "nunca…", "yo no…", etc., que hemos escuchado, observado, sufrido, aprendido, imitado, y todos los "ado" e "ido" que se nos ocurran, pero todos estos ejemplos significan lo mismo: un punto de fricción en relación al libre desenvolvimiento de nuestro ser como una entidad divina, única e irrepetible.

Para agravar el problema de este tipo de fricciones que acabo de mencionar, podríamos decir que en general no se ven como algo disfuncional para nuestras vidas, sino de manera natural, porque las hemos incorporado como algo más de nuestra educación dada por figuras de autoridad en la infancia (padres, maestros, etc.).

Obviamente, en este caso también tendremos una fricción que no cicatrizará y seguirá funcionando de la misma manera a lo largo de los años porque no sabemos cómo resolverla.

Por lo tanto…

ES IMPOSIBLE CICATRIZAR UNA FRICCIÓN SIN LOS RECURSOS ADECUADOS

3. Querer resolver una fricción (no querer)

Llegamos entonces al tercer punto, que deriva de una situación muy frecuente en la consulta diaria. A veces conocemos una zona de fricción y tenemos los recursos internos para resolverla, ¡pero *no queremos hacerlo*!

A mi consultorio asisten muchas personas que conocen la causa de su sufrimiento, pero no están dispuestos a realizar la tarea de reparación de esa fricción por múltiples causas, como guardar las apariencias frente a los demás, por comodidad, por temor a lo nuevo, pereza, indolencia, etc. La tarea de crecimiento interno requiere trabajo diario, compromiso con uno mismo, coraje, etc.

Ciertos maestros espirituales mencionan a la pereza como una de las dificultades más grandes para el desenvolvimiento espiritual de la humanidad. No es de extrañar entonces que el hecho de *no querer* resolver una fricción se transforme en una causa de sufrimiento importante a la hora de analizar en profundidad este tema.

Cuando mis pacientes me plantean su sufrimiento en mi consultorio, sistemáticamente yo les pregunto si conocen alguna forma de resolución de este sufrir. Muchas veces me dicen que hace años que tienen la respuesta, pero que "aún no se han decidido", "están tomando coraje", "han tratado y no funcionó", "están cómodos así, aunque sufran", etc. (todas estas frases son reales y están extraídas de casos reales).

En vista de lo anterior, podemos concluir que...

ES IMPOSIBLE CICATRIZAR UNA FRICCIÓN
SI NO QUEREMOS HACERLO

Destino de las fricciones no cicatrizadas

Ya hemos desarrollado en los apartados anteriores las causas por las cuales una fricción en cualquier plano puede no cicatrizar. En cualquiera de los tres casos (no tener conciencia, no saber cómo cambiar o no querer hacerlo) puede resultar sumamente útil la ayuda profesional psicoterapéutica.

En el caso de no tener conciencia de una fricción, la ayuda psicoterapéutica puede hacer milagros para llevarnos, como ya mencioné, "de lo inconsciente a lo consciente".

En el caso de no poseer los recursos adecuados, la psicoterapia también puede ayudarnos, ya que las diversas corrientes psicoterapéuticas que hoy existen nos brindan un abanico enorme de abordajes y recursos que pueden acompañarnos en el conocimiento y la aplicación de aquellas técnicas que ayudan en la cicatrización.

Asimismo, en el caso de no querer resolver una fricción, la ayuda psicoterapéutica seria nos pone frente a nuestra elección personal de no querer resolverla, para que asumamos la responsabilidad de dicha elección.

Como vemos, en esta esfera del quehacer humano, los distintos modelos psicoterapéuticos nos ofrecen un soporte de incalculable valor a la hora de enfrentarnos a nuestras fricciones internas. Pero imaginemos el caso (muy frecuente, por cierto) en el que no hayamos resuelto una fricción por no saber, no poder o no querer. ¿Qué ocurre con esa fricción que se ha instalado y que no cicatriza?

1. Todo se manifiesta
2. Las fricciones quedan en su plano: conflicto o proyección
3. Precipitación de las fricciones

1. Todo se manifiesta

Como primer concepto, debemos entender que *todo aquello que existe en nuestro interior, más tarde o más temprano se manifiesta de una u otra manera.* Si tenemos armonía interna, seremos armónicos nosotros y tendremos conductas armónicas hacia el afuera ("el afuera", para los fines didácticos del libro, es todo aquello, animado o no, que no somos nosotros). Si tenemos fricciones, seremos conflictivos con nosotros mismos o con el afuera, llevando esa fricción a la manifestación concreta.

El segundo concepto importante es que *una fricción puede quedar localizada en su propio plano* (y manifestarse allí) *o precipitar hacia planos más densos* (sólo didácticamente los llamaremos planos inferiores).

2. Las fricciones quedan en su plano: conflicto o proyección

Las fricciones que quedan en su propio plano son aquellas que generan conflictos con uno mismo o con los demás. Entonces tendremos problemas de conducta, de pareja, de desempeño escolar, de sociabilización, etc. Si, por ejemplo, tenemos intolerancia con nosotros mismos en algún aspecto, no es de extrañar que sintamos intolerancia luego hacia alguien del afuera (una pareja, un amigo, un jefe, un hijo, etc.). Esta cualidad está siendo "proyectada" fuera de nosotros con la finalidad de que advirtamos, al verla en otros, que está funcionando como un espejo de nosotros mismos.

Cualquier espejo sirve para ver aquello que no podemos observar desde nuestro ángulo de visión. Nadie puede ver su propia espalda, como así tampoco su propio rostro. Por esta razón los espejos resultan muy útiles, ya que nos permiten apreciar aquello que naturalmente no veríamos sin utilizarlos. Nadie usa un espejo para verse el ombligo, pero sí necesitamos de ellos para vernos la cara, la nuca, la espalda, etc. Utilizamos inconscientemente el mecanismo de la proyección de cualidades en otros para poder darnos cuenta de que esas mismas cualidades también están dentro nuestro.

Al pertenecer a la raza humana, cada uno de nosotros tiene todas las cualidades humanas; no nos falta ni una sola. Como también expliqué en mi primer libro *Del cuerpo al espíritu: un camino de sanación*, lo único que nos hace únicos, irrepetibles y totalmente diferentes a cualquier otro ser humano es el conjunto de proporciones relativas de cada cualidad.

Supongamos que tenemos a Pedro con los siguientes puntajes (entre 0 y 100) de tres cualidades:

Humildad: 2
Egoísmo: 35
Sensibilidad: 14

Otra persona, que podríamos llamar Juan, tiene los siguientes puntajes:

Humildad: 65
Egoísmo: 3
Sensibilidad: 27

Juan y Pedro tienen esas tres cualidades, pero con puntajes muy distintos uno del otro, lo cual podría incluso convertirlos en enemigos si se conocieran.

Cuando no consideramos una cualidad como propia, es decir que pensamos que nosotros no la tenemos, resulta común encontrar el acto de juzgar implacablemente al otro. Esto de "rasgarse las vestiduras" es mucho más frecuente y cotidiano de lo que creemos. Por el contrario, cuando asumimos y reconocemos una cualidad como propia, es extremadamente raro que exista este mecanismo de proyección.

Entonces, conociendo ya este mecanismo de proyectar una cualidad no aceptada como si de un espejo se tratara, haríamos bien en preguntarnos lo siguiente:

¿EN QUÉ RINCÓN DE MI SER TENGO ESTA CUALIDAD (Y NO LA VEO) COMO PARA QUE ME MOLESTE TANTO VERLA EN OTROS?

Es importante tener en cuenta la dimensión de la respuesta emocional frente a una cualidad que observo en otros y no me gusta, porque no cualquier cualidad funciona como un espejo. Debemos prestar atención especialmente cuando una cualidad del afuera nos despierta una *respuesta emocional muy grande*, cuando "nos saca de quicio".

Supongamos que alguien roba y esto nos desequilibra completamente. La pregunta inmediata es: ¿por qué nos desequilibramos *nosotros* si el que roba es otro?

Respuesta: porque nosotros también robamos. Seguramente muchos diremos que nunca hemos robado a nadie, que siempre hemos sido honestos, etc., pero debemos pensar que existen muchas maneras de robar y muchos matices de robo. Se puede robar confianza, tiempo, conocimiento, ilusiones, ideas, etc. Como podemos ver, no sólo en el plano material encontramos el robo, sino que este se extiende al plano mental y al emocional también.

Por lo tanto, cuando nos hagamos la pregunta en cuestión, debemos revisar todos los rincones de nuestro ser y también los matices e intensidades de esa cualidad.

3. Precipitación de las fricciones

Ya hemos visto el mecanismo de proyección por el cual una fricción determinada queda en su propio plano y genera un conflicto intra o inter-personal. Cuando este mecanismo de proyección no se da, entonces lo que sucede es la precipitación de esa fricción hasta el plano más inferior que conocemos, es decir el plano físico, generando un problema corporal de tipo funcional o estructural, del cual nos ocuparemos durante el resto de este libro.

El primer caso de fricción que pusimos es entre el alma y la personalidad. Entonces, esa fricción se puede manifestar en toda la personalidad en bloque, en el cuerpo mental, en el emocional o en el físico.

En el segundo caso (fricción dentro del cuerpo mental), la fricción se puede manifestar en el cuerpo mental, en el emocional o en el físico.

En el tercer caso (fricción entre los cuerpos mental y emocional) puede manifestarse en el mental, el emocional o en el físico.

En el cuarto caso de fricción (dentro del cuerpo emocional) puede manifestarse en el emocional o en el físico.

Como vemos, el cuerpo físico está en los cuatro casos de precipitación porque es el cuerpo más denso de todos, y entonces se convierte, como comparamos anteriormente, en "el fondo de la taza de café", donde el azúcar (cualquier fricción) termina cayendo y depositándose.

Aquellas fricciones que terminan precipitando hasta el plano físico son las que generan alteraciones en el cuerpo, que van a ser primero funcionales y luego estructurales, como veremos más adelante.

A lo largo de todo el resto del libro nos ocuparemos de la exploración de las fricciones que precipitan hasta el cuerpo físico y generan enfermedades funcionales o estructurales, dejando los conflictos y proyecciones para el campo de la psicoterapia (o quizás un próximo libro...).

CAPÍTULO 5

La evitación de la enfermedad

A lo largo de mis años de práctica fui encontrando un fenómeno común en los pacientes con enfermedades severas: ellos **evitaban el contacto con su enfermedad.** Resultaba muy fácil hablar sobre sus dolores y sus limitaciones, junto con el cambio que ello provocaba en sus vidas. Podían explayarse durante horas sobre esto. Si los dejaba, podían seguir y seguir sin detenerse contándome cómo era su vida nueva conviviendo con el sufrimiento y las dificultades. Pero cuando yo intentaba que se hablara sobre la enfermedad en sí misma, rápidamente cambiaban de tema, denotando además una alteración marcada en un estado de ánimo particular: aumentaba su ansiedad de forma evidente.

Durante años detecté este fenómeno y lo que yo hacía frente a la evitación era continuar enfocado en el tema de la enfermedad; no dejaba que mis pacientes se desviaran del asunto central y los "acorralaba" ahí, hasta que se iban aclarando sus ideas y se adentraban en la profundidad de la exploración.

Cuando cursé el posgrado de psicoterapia cognitivo-conductual en Fundación Foro –uno de los lugares más avanzados en

Buenos Aires para el estudio de dicha corriente terapéutica–, comprendí cómo es el proceso de evitación de esa ansiedad y su agravamiento consecuente. Veamos entonces el proceso de la evitación con el mayor detalle posible.

Cuando tenemos un episodio cualquiera que nos produce ansiedad, este queda guardado en la memoria asociado a la sensación desagradable. Supongamos que experimentamos una situación que nos provoca un gran susto (imaginemos una turbulencia fuerte dentro de un avión en vuelo). Nuestra mente fija y asocia esa circunstancia con la ansiedad que sentimos. De ahí en más, cada vez que en el futuro pensemos en un avión, volveremos a sentir ansiedad.

En psicoterapia cognitivo-conductual se entrena a los pacientes para que aprendan a graduar sus niveles subjetivos de ansiedad entre 0 y 100, entendiendo 0 como la falta total de una emoción o sentimiento ansioso, y 100 como la ansiedad máxima que se haya experimentado en la vida. No existe algo así como una "regla milimétrica" de ansiedades que nos sirva a todos. Como cada persona vive las cosas de un modo único y particular, eso mismo es lo que hace que la medición de ansiedad sea algo único. La cuantificación de ansiedad propia, entonces, no es algo objetivo y universal, sino algo que *cada persona siente en su propio interior.* En última instancia, a cada persona le interesa sólo lo que le pasa en su interior y según su propio sentir; no algo universal y absoluto determinado desde afuera.

Volviendo al ejemplo del avión, lo que sigue a continuación es crucial porque será la conducta que determine la instalación (o no) de una fobia.

Puede ser que la persona vuelva a volar, en cuyo caso seguramente se pondrá nerviosa y en estado de alerta. Sus niveles subjetivos de ansiedad estarán altos cuando se aproxime el momento de subir al avión. En ese caso tiene dos opciones: subir o no subir al avión.

1. Si elige *subir al avión*, entonces estará muy temerosa por el recuerdo del vuelo anterior y lo que sintió en él. Con el paso de los minutos, este sentimiento irá en aumento hasta que en un momento no crecerá más, y luego, lentamente, comenzará a disminuir. Esta es la curva normal de cualquier emoción o sentimiento: *inicio, aumento, meseta, declinación.*

2. Si elige *no subir al avión*, comienza otro proceso completamente distinto. Al decidir no tomar ese vuelo, la ansiedad desaparecerá súbitamente y la persona se sentirá aliviada en breve tiempo. Esa ansiedad que comenzaba su curva de ascenso rápidamente baja porque la persona **evitó** la actividad que estaba asociada a su ansiedad (no subió al avión). Pero el problema se traslada al futuro, al próximo enfrentamiento con un vuelo, que generará más temor que el actual.

La conducta de evadir el vuelo tiene entonces dos consecuencias importantes:

- *Desaparición rápida de la ansiedad* que comenzaba a crecer (alivio temporario).
- *Aumento del miedo* al avión. Al evitar, lo que conseguimos es que el "fantasma del avión" se agigante dentro de nosotros. Si antes de la evitación el miedo a volar en un avión era de categoría 3, luego de la evitación será de categoría 4, y la próxima vez será 5, y así sucesivamente hasta llegar a instalarse un miedo implacable que se adueñará de nuestra vida, impidiéndonos siquiera pensar en volar.

Esta es la forma en que se instala cualquier fobia. Comienza con un hecho que vivimos como desagradable, y luego frente a la posibilidad de la repetición lo evitamos. Así, evitación tras evitación, instalamos el pánico que tantos tenemos a algunas cosas. El ejemplo del avión es aleatorio, podría haber hecho referencia a perros, gatos, insectos, lugares altos, cerrados, abiertos, etc.

Siempre es lo mismo.

EPISODIO DESAGRADABLE

↓

EVITACIONES REPETIDAS DE OTROS EPISODIOS SIMILARES

↓

FOBIA

Hasta aquí, hemos expuesto el problema. ¿Cómo lo resolvemos? ¿Hay alguna forma probada de eliminar o disminuir las fobias?

Si seguimos con detenimiento la secuencia de este proceso de instalación de cualquier fobia, nos daremos cuenta rápidamente de que la manera más eficaz y definitiva de eliminar o disminuir drásticamente la intensidad de una fobia es *dejar de evitar* y *exponerse* al objeto que despierta nuestra ansiedad.

La exposición es la manera más rápida y efectiva de eliminar las fobias. Esto ha sido demostrado en innumerables estudios de efectividad de tratamientos psicoterapéuticos en todo el mundo, por lo que ya no admite discusión. Frente a la evidencia, no cuestionemos más...

Invariablemente surgen las siguientes preguntas: "Exponiéndome, ¿no me sentiré mal?". "¿Cómo voy a hacer si mi miedo es tremendo?".

La exposición, dentro del marco de un tratamiento psicoterapéutico, es gradual y creciente. El terapeuta comienza explicando todo el proceso y el "por qué" de la necesidad de la exposición. Luego se elabora una lista de distintas situaciones que generan ansiedad graduándolas de manera creciente según la sensación desagradable que originen.

Finalmente, se inicia la exposición frente a la situación de la lista que sea de intensidad menor y llegue a un nivel de ansiedad tolerable para el paciente. A medida que progresa el tratamiento, las exposiciones continúan hasta que la ansiedad ya no es algo intolerable.

Como podemos ver en la descripción anterior, el mecanismo es inverso al de la instalación de la fobia:

- En la primera exposición, la ansiedad es máxima, pero la función del terapeuta es no permitir que el paciente se retire de la experiencia hasta que no haya cumplido todos los pasos que ya enunciamos: inicio, aumento, meseta, declinación (de la ansiedad).
- Una vez que esa primera experiencia pasó completa, se repite la exposición. Aquí es donde se observa que, al repetirla, la intensidad de la ansiedad es menor que la que se sintió en la primera exposición. Si en la primera se sintió una ansiedad de 90 unidades subjetivas, tal vez en la segunda se sientan 80 unidades, en la tercera 70, en la cuarta 60, y luego 50, 40, 30, hasta que finalmente se agota. Este fenómeno se denomina extinción de la fobia.

Toda esta explicación de la evitación nos permite entender ahora por qué las personas evitamos hacer contacto con nuestros problemas. Cuando pensamos en algo que nos aflige, haremos todo lo posible para dejar de pensar en ello, porque obviamente aumentará nuestros niveles subjetivos de ansiedad, y al evitarlo sentiremos un alivio momentáneo. Pero el problema es que ahora ya sabemos que evitar el contacto con algo hace que ese algo aumente en su dimensión mental, volviéndose con el tiempo algo imposible de tolerar.

Ahora que conocemos el tema de la evitación y sus consecuencias...

¿Qué puede pasar con una enfermedad severa y nuestros niveles subjetivos de ansiedad? ...Simple: cada vez que pensemos en ella, ¡nuestros niveles de ansiedad se irán a las nubes!

¿Y qué hacemos habitualmente frente a esta ansiedad que se ha disparado? ¡La evitamos! Y no solamente nosotros, sino que nuestro medio social (amigos, parientes, compañeros de trabajo o estudio) ¡también lo hace!

A nuestro alrededor, son muchas las personas que dejan de hablar sobre nuestro problema. Parece que se hubieran puesto de acuerdo en entrar en silencio sobre la situación de salud que nos aflige. A veces es porque no saben qué decirnos; otras, que son ellos los que se ponen ansiosos y evitan por su propia ansiedad hablar del tema.

Por la razón que sea, el resultado siempre es el mismo: no se habla más del tema.

Nosotros sabemos ahora que evitar hablar o pensar en algo no hace que ese algo desaparezca o mejore, sino todo lo contrario. La enfermedad continuará su curso agravándose, y nuestra ansiedad al pensar o hablar de ella será cada vez mayor mientras sigamos evitándola.

Para complicar un poco este tema de la evitación, hay que agregarle algo más. En la actualidad existen varias corrientes de pensamiento que se agrupan en lo que podríamos llamar la "nueva era". Por mi parte, estoy de acuerdo con muchos de sus postulados, en cuanto a que hay varias cosas que cambiar de nuestras creencias y preconceptos sociales, culturales y personales. También estoy de acuerdo en la enseñanza de la ciencia de la mente. Lo que ocurre es que a veces esta creencia en el poder del pensamiento se exagera de tal modo que terminamos evitando entrar en contacto inicial con la enfermedad para saber exactamente qué deberemos cambiar o hacer para mejorar.

Dentro de este actuar exagerado, todo lo que tenga que ver con el problema es "cancelado" (como se dice en control mental, del cual también soy admirador y cultor) en cuanto aparece en nuestra mente. Todo el tiempo escucho personas que utilizan afirmaciones, visualizaciones y distintos rituales donde siempre está implícita la siguiente idea:

> "Dejar de pensar en esto y pensar en la salud perfecta".

En mis treinta años de práctica profesional, *no he encontrado que esta forma resulte eficaz*, porque no tomamos en cuenta a uno de los actores fundamentales de esta situación de vida: la enfermedad. Y ya hemos hablado sobre el problema de evitar mirar en determinada dirección y dejar de prestar atención a lo que nos aqueja.

Cada vez que planteo esto en mis talleres, surgen las siguientes preguntas, que resultaron ser las más comunes:

> "¿Entonces debemos enfocarnos en la enfermedad y no en la curación?"

> "Si nos enfocamos en algo como la enfermedad, ¿esa enfermedad no agrava?"
> "Si *aquello en lo que uno piensa crece*, ¿no estamos haciendo algo peor cuando pensamos en nuestra enfermedad?"

Como todo, esto es una cuestión de medida. No significa que debamos estar la totalidad de nuestro tiempo pensando en la enfermedad. Y tampoco defiendo que haya que ponerse de inmediato a trabajar en la curación.

¿Y entonces?

Existe un arte que se denomina *dialéctica*. Según el diccionario, encontramos distintas acepciones:

1. Arte de dialogar, argumentar y discutir.
2. Método de razonamiento desarrollado a partir de principios.
3. Capacidad de afrontar una oposición.
4. En un enfrentamiento, apelación a algún tipo de violencia.
5. Relación entre opuestos.
6. *Fil.* En la doctrina platónica, proceso intelectual que permite llegar, a través del significado de las palabras, a las realidades trascendentales o ideas del mundo inteligible.
7. *Fil.* En la tradición hegeliana, proceso de transformación en el que dos opuestos, tesis y antítesis, se resuelven en una forma superior o síntesis.
8. *Fil.* Serie ordenada de verdades o teoremas que se desarrolla en la ciencia o en la sucesión y encadenamiento de los hechos.

Las acepciones 3 y 5 son las que nos sirven en este caso. Hay situaciones que son opuestas, pero que, con cierto arte y capacidad, podemos encontrar un equilibrio entre ellas. En este caso deberemos encontrar un equilibrio entre *no pensar nunca en la enfermedad* y *no pensar nunca en la curación.* Mi propuesta de trabajo, entonces, es la siguiente:

- *Inicialmente* deberemos enfocarnos en nuestra dolencia para obtener toda la información que podamos sobre ella y sobre nosotros.
- Sólo una vez que ya no queda nada más por saber sobre nuestro problema de salud, comenzamos con la tarea de trabajar en pos de la curación, y aquí sí dejamos de enfocar nuestra mente en la enfermedad.

Es verdad que durante un tiempo estaremos pensando intensamente en nuestro problema, pero esto es temporario. ¿Se puede agravar mucho nuestra condición si estamos concentrándonos en ella todo el tiempo posible? Tal vez, pero como esto es sólo un tiempo, no me preocupa demasiado. Por otro lado, es la forma que me ha resultado más eficaz a futuro para conseguir la sanación.

Sistemática de trabajo

En mi consultorio suelo utilizar una *sistemática de trabajo* para enfocar cualquier enfermedad severa.

1. En la primera entrevista suelo recabar toda la información médica posible y luego, si llego con el tiempo, le indico un remedio homeopático.
2. En la segunda sesión entreno al paciente (y a un familiar) en la ciencia del Pranayama (ciencia hindú yogui de la respiración) transmitiéndole la enseñanza de una respiración curativa.

3. En la tercera sesión grabamos una visualización curativa adaptada exclusivamente a ese paciente y a su enfermedad (se diseña la visualización junto con el paciente)
4. Utilizamos entre doce (12) y dieciséis (16) sesiones para encontrar el sentido existencial de la enfermedad aplicando todas (o casi todas) las técnicas descriptas en este libro.
5. Continúo según la evolución del caso (y de la persona) en particular entrenando a la persona en las técnicas de curación (de la enfermedad ya no se habla más).

Como se puede ver, las tres primeras sesiones están destinadas a darle al paciente ciertas herramientas para que desde el "minuto uno" de nuestra relación terapéutica trabaje en pos de la curación. Pero una vez que ya está entrenado en estas técnicas de curación, comenzamos el trabajo de exploración sin tener en cuenta cuánto lleve. El promedio está entre doce y dieciséis sesiones, pero puede durar mucho más según el caso.

Esta fase del trabajo es de suma importancia porque es donde se profundiza la exploración existencial del sufrimiento. Aquí resulta fundamental no dejar que el paciente evite el contacto con sus problemas simplemente porque se pone ansioso o estalla en llanto. Eso no debería ser un impedimento para continuar el trabajo, sino todo lo contrario. Sigo en estos casos el *principio budista* de la *conciencia plena* aplicado a la investigación.

Buda fue uno de los grandes Maestros que existió físicamente en nuestro planeta en el siglo VI a.C., y dejó un gigantesco legado a la humanidad: la transmisión de un *método* que permite la iluminación. Sin importar la religión que uno profese, estudiar el método budista clarifica el modo de vivir y lo mejora, siempre y cuando uno lo practique. Como decía el Maestro Buda: "no es una cuestión de fe; es una cuestión de práctica".

Buda explica que *cuando se coloca toda la conciencia* en cualquier asunto que se quiera comprender, y se la sostiene *el tiempo necesario, la comprensión finalmente llega.* Este instructivo de mantener toda la conciencia el tiempo necesario es la clave de cualquier aprendizaje. Si recordamos cómo fue el proceso de los distintos aprendizajes en nuestra vida, nos daremos cuenta de que siempre fue lo mismo: sostener toda nuestra conciencia el tiempo necesario hasta comprender ese tema. Más adelante encontraremos un capítulo completo sobre la técnica de la conciencia plena aplicada a nuestra dolencia, por lo que no ahondaré más en el capítulo actual.

Volviendo al tema de la evitación, vemos que el problema radica en que, por todo lo explicado antes, colocar nuestra conciencia en nuestra enfermedad hace que se active nuestro plano emocional y despierte nuestra ansiedad. Y ya también vimos que cuando estamos ansiosos lo que queremos hacer es dejar de estarlo, por eso desviamos la conciencia y así acabamos con el sufrimiento que nos despertó la ansiedad (¿!). Justamente ese es el momento para que el paciente continúe aplicando su conciencia aun estando ansioso (o temeroso, o triste, o lo que sea) y llegue al final del camino de la comprensión, que es cuando el sentimiento desagradable desaparece.

Resulta bastante difícil continuar pensando en algo cuando ese algo nos duele, y por eso la necesidad de un acompañante que conozca este proceso se vuelve imprescindible. Él no nos va a permitir que evitemos el contacto profundo y consciente. Nos instará a que continuemos y continuemos, hasta que lleguemos a la meta, que es la comprensión.

Y tenemos otro argumento a favor de esta forma de trabajo:

- Al principio sufrimos porque nos enfrentamos a todo aquello que no nos gusta, pero ese *dolor tiene el sentido* de que será transmutado en una sanación futura.

- Por el contrario, si no nos enfrentamos inicialmente con nuestra enfermedad, el *sufrimiento* será *permanente* y sumará el agravante de no tener la esperanza de una sanación a futuro, con la sola excepción de un milagro...

CAPÍTULO 6

La analogía

El concepto de analogía no formó parte de mi vida hasta que hace ya bastantes años ingresé en lo que muchos llaman el "camino espiritual". Incursionando en conceptos abstractos como Dios, el Logos, la Deidad Suprema, el Amor Incondicional, la creación universal, el perdón, el servicio, el sacrificio, etc., es que me vi obligado a recurrir a la herramienta de la analogía (que sigo utilizando hasta el día de hoy) para entender tales conceptos. Recurro a ella siempre que no comprendo un tema en su propio plano. Pero como no quiero ser enigmático, recurramos al diccionario para conocer el significado de este concepto tan importante:

> *Analogía.* (Del lat. *analogía,* y este del gr. ἀναλογία, proporción, semejanza).
>
> - Relación de semejanza entre cosas distintas.
> - Razonamiento basado en la existencia de atributos semejantes en seres o cosas diferentes.

- *Biol.* Semejanza entre partes que en diversos organismos tienen una misma posición relativa y una función parecida, pero un origen diferente.
- *Der.* Método por el que una norma jurídica se extiende, por identidad de razón, a casos no comprendidos en ella.
- *Gram.* Semejanza formal entre los elementos lingüísticos que desempeñan igual función o tienen entre sí alguna coincidencia significativa.
- *Ling.* Creación de nuevas formas lingüísticas, o modificación de las existentes, a semejanza de otras; p. ej., los pretéritos tuve, estuve, anduve se formaron por analogía con hube.

Si nos fijamos detenidamente en los distintos significados y ejemplos que da el diccionario, nos daremos cuenta de que derivan de una raíz única que es la primera acepción: "relación de semejanza entre cosas distintas".

Existen conceptos que nos resultan fáciles de comprender, y otros que son inalcanzables. La analogía se transforma en una herramienta valiosísima a la hora de intentar comprender o abarcar dichos temas inaccesibles, porque podemos encontrar esas similitudes en asuntos distintos que nos llevan a la comprensión.

El Amor Incondicional Divino, es decir el amor que Dios tiene por nosotros, era algo que yo pensaba que comprendía... hasta que nació mi primera hija, Luz. Desde ese momento, todo cambió para mí, porque viví una cualidad distinta de amor donde todo se da, no se espera nada del otro, se perdona una y mil veces, etc. En resumen, viví en carne propia lo que es el amor incondicional por un hijo. Sólo ese día pude, utilizando la analogía, comprender lo que era el amor de Dios por la humanidad.

Y fue a partir de ese momento que pude experimentar lo que

la analogía tenía como potencial para la "comprensión de lo incomprensible" dado nuestro nivel de ignorancia sobre tantos temas. De hecho, los maestros espirituales han utilizado la analogía para enseñar a través de parábolas, fábulas y cuentos que dejan un aprendizaje comprensible a aquellos que quizás no llegarían a entender un tema de otra manera. Era fácil en esos tiempos utilizar ejemplos de labriegos, pescadores, comerciantes, etc., porque eran actividades comunes y algo muy inteligible para la mayoría de las personas. Entonces, contando alguna historia con esas actividades, la gente podía entender de qué se estaba hablando en temas más profundos como los espirituales.

La analogía se puede entender también si tomamos el ejemplo de la música. Cualquier nota tiene sus octavas, más agudas o más graves que ella, que son análogas a la nota original. No suenan como ella, pero son múltiplos vibracionales exactos de ella. Es decir que una nota LA central del piano es análoga a la nota LA más aguda del teclado, aunque no suene igual a ella.

Veamos entonces cómo podemos emplear la analogía para el tema que nos convoca en este libro: la comprensión existencial de la enfermedad.

El ser humano está formado por siete cuerpos muy distintos entre sí, cada uno con su rango de vibración característico y único. Como son siete los cuerpos que constituyen al hombre, podríamos decir, siguiendo el ejemplo musical, que tenemos siete "octavas". El cuerpo físico es la octava más grave de todas, al que le siguen el cuerpo emocional y el mental que son los que conforman la personalidad (no incluiré los otros cuerpos en este ejemplo, porque ellos no enferman). Cada uno sería la octava superior al otro.

Un problema cualquiera que tengamos en el cuerpo físico, si lo pudiéramos representar con una nota musical (o un acorde) tendría su correlación en la octava superior del cuerpo emocional, y luego otra octava más aguda todavía en el cuerpo mental, que "sonarían" de la misma manera pero sólo que más agudos. Lo mismo a la inversa: si tenemos una fricción en el cuerpo mental, esta tendrá una octava inferior en el cuerpo emocional y otra octava más grave en el cuerpo físico, que suena igual pero más grave.

Podríamos ahora poner un ejemplo que ilustre lo que acabamos de elucidar. Supongamos que una persona es muy rígida en sus pensamientos y creencias. La rigidez (poca flexibilidad) tendría una "nota asignada" que la representaría. Sabemos que si queda en su propio plano o en el emocional, generará conflictos intra o interpersonales. Pero en el caso de precipitar, tendrá que determinar una fricción en aquel tejido u órgano del cuerpo que represente la falta de flexibilidad (rigidez) para mantener la misma "nota" análoga, por lo que sólo podrá terminar generando un problema en las *articulaciones*, que son las que se encargan de la flexibilidad en nuestro cuerpo físico. Esta persona tendrá un problema articular de rigidez que será análogo al problema de rigidez que tiene también en el plano mental.

De la misma manera que hemos visto este ejemplo de una fricción en la cualidad de la flexibilidad (por falta de ella), podemos enumerar todos los problemas en todas las cualidades que no estén manifestándose de la forma adecuada. Todas siguen el mismo patrón de posibilidades. Ya vimos que cuando una fricción deja de manifestarse en su rango adecuado, puede permanecer en su propio plano y generar conflictos intra o interpersonales, o precipitar hacia el cuerpo físico determinando una fricción corporal que tiene la forma de una alteración funcional o estructural. En general podríamos decir que son casi excepcionales aquellas fricciones que comienzan provocando una alteración estructural en el cuerpo. Lo más común (y casi la regla) es que cualquier fricción comience determinando un problema en la función del órgano que le corresponde. Luego, si con el paso del tiempo no es atendido de manera adecuada, el problema puede agravarse y generar una alteración estructural en ese órgano.

Esto es lo que se ve todos los días en la práctica médica. Cuando un órgano se altera, es sumamente raro que lo haga comenzando desde su estructura. Si alguien reprime su cólera y esto no queda en su propio plano y precipita, es muy probable que determine en primer lugar una alteración de la *función del estómago*, con el consiguiente desbalance entre la producción de ácido y moco protector, lo que seguramente determinará la instalación de una gastritis. Aquí no hay ninguna alteración de la estructura del órgano, sino de su función. Si este hábito conductual de reprimir la cólera persiste por años, entonces sí puede ser posible la instalación de un daño anatómico del estómago, como por ejemplo la aparición de un cáncer.

Resulta muy común en el mundo de los médicos escuchar la distinción entre *funcional* y *orgánico*, utilizando esta palabra para referirse al daño en la estructura del tejido o del órgano. Mi maestro de homeopatía, el profesor Dr. Ángel Oscar Minotti, maestro internacional del difícil arte y ciencia de la homeopatía, a quien le debo todo lo que sé sobre ella, dice algo con lo que coincido plenamente:

> Aquellos que distinguen entre funcional y orgánico están equivocados, porque el organismo es un todo, donde lo funcional también pertenece al organismo. El organismo es todo lo que constituye al ser humano, también lo emocional y lo mental pertenece a nuestro organismo. El término adecuado y correcto es "estructural", porque justamente lleva a pensar en la estructura física de nuestro organismo.

Nada más claro que estas palabras dichas una y otra vez a lo largo de trece años que sigo como discípulo a mi maestro Minotti. Cuando se daña la estructura física de un tejido o de un órgano, utilizaremos en este libro la palabra *estructural.*

Hasta aquí hemos explicado el mecanismo de precipitación de las fricciones hasta llegar al plano del cuerpo físico. Cuando se puede visualizar con detenimiento este proceso de una fricción que precipita desde su localización inicial hasta el tejido u órgano que sea análogo por su función, resulta comprensible hasta para un niño.

El problema es que toda la primera parte del proceso, es decir la instalación de la fricción en un plano sutil y su consiguiente precipitación, no la apreciamos conscientemente. Sólo nos damos cuenta cuando tenemos alguna dolencia física. Recién en ese momento, cuando nuestro cuerpo deja de ser silencioso y tiene un trastorno en alguno de sus órganos, es que prestamos atención a ese sector en particular.

Y es ahí cuando nos preguntamos: *¿Por qué me está pasando esto a mí? ¿Por qué me pasa justo ahora? ¿Qué tengo que aprender de esto?*

De alguna manera, podríamos decir que hemos "llegado tarde" en el proceso de darnos cuenta, ya que la fricción consiguió instalarse, mantenerse sin resolución y precipitar hasta el mismo plano físico. Sólo cuando nuestro cuerpo nos llama la atención, nos ponemos a pensar y colocamos nuestra conciencia en este proceso. No antes.

Sin embago, a esta altura de las cosas, todo lo que ocurrió previamente es un misterio para nosotros. Por esta razón debemos realizar el camino inverso al que recorrió la fricción. Debemos ir desde nuestro cuerpo físico hasta el cuerpo sutil donde la fricción comenzó, y ahí habremos conseguido desentrañar este misterio.

Y precisamente por esta razón titulé a mi primer libro *Del cuerpo al espíritu: un camino de sanación*, porque este es el camino que transitamos todos aquellos que queremos esclarecer el misterio de haber enfermado sin saber por qué, y recién nos damos cuenta cuando nuestros cuerpos se enferman funcional o estructuralmente.

Para poder realizar este camino inverso del proceso, deberíamos conocer las funciones de los distintos tejidos y órganos con precisión. A raíz de esto, en esa primera obra escribí un largo capítulo que explica parte por parte de nuestro cuerpo la analogía que posee *en relación con la función* que tiene ese tejido u órgano en particular.

Desde el año 1989 doy una conferencia titulada "Dime de qué te enfermas y te diré cómo eres", en donde desarrollo este concepto de las fricciones y luego los concurrentes me preguntan qué significa enfermarse del pulmón, del riñón, del hígado o de la rodilla derecha, etc. En el capítulo siguiente daremos una pequeña guía sobre los órganos y tejidos para que podamos utilizar la analogía en la investigación existencial de nuestras enfermedades.

CAPÍTULO 7

La simbología de los órganos

El presente capítulo es fruto del estudio y del trabajo de investigación con casos reales en mi práctica clínica de 24 años como médico holístico. Inicialmente me nutrí de libros que a mi entender resultan básicos e imprescindibles a la hora de estudiar el significado de cada órgano para realizar la investigación por analogía, y que recomiendo[2] sin dudar a todos aquellos que tengan interés en entender los basamentos teóricos del trabajo por analogía:

- El primero de ellos es *La enfermedad como camino,* de Dethlefsen y Dahlke.
- Otro libro imprescindible a mi entender es *Cuerpo Mente* de Debbie Shapiro.
- Finalmente, un clásico que muchas personas conocen: *Usted puede sanar su vida,* de Louise Hay.

[2] N. del A.: Ver datos completos en la Bibliografía.

Después de estudiar con profundidad los conceptos vertidos en los tres libros, empecé a trabajar en mi consultorio para aplicar dichos conocimientos en la práctica clínica con mis pacientes.

Mientras cursaba la carrera de medicina, me desempeñé como docente ayudante por cuatro años en la materia *fisiología*, que es aquella que explica la función normal de todos los órganos. Nunca pensé, mientras era docente, que ese conocimiento profundo de las funciones orgánicas me resultaría tan útil para la comprensión holística de la enfermedad. Cuando sumé mis conocimientos de fisiología a la teoría de los libros mencionados, pude ir confirmando o descartando lo que había leído. Comprendí que algunos conceptos no se correlacionaban con la evidencia clínica. Por lo tanto, comencé a investigar con la herramienta casi exclusiva de la **analogía fisiológica**, proyectando la función del órgano hacia los planos sutiles. Esto es lo que me dio más resultados positivos en la práctica.

Lo que veremos a continuación es la síntesis de la simbología de cada parte del cuerpo basada (fundamentalmente) en la fisiología.

La idea es que podamos buscar en esta síntesis qué significa cada parte corporal en cuanto a su función, y de esa manera proyectar hacia los planos sutiles (emocional y mental) si podemos detectar alguna fricción en relación con ello.

Al final del capítulo expongo un ejemplo que puede servir como guía para dicha exploración.

HEMICUERPO DERECHO

- lo Iang
- lo masculino de uno mismo (independiente del sexo)
- el "afuera"
- lo externo

- el trabajo
- el trato con hombres
- el padre
- la agresión
- la acción
- lo intelectual

HEMICUERPO IZQUIERDO
- lo Inn
- lo femenino
- el "adentro"
- lo interno
- la casa
- el trato con mujeres
- la madre
- el recibir
- la quietud
- la intuición
- la emoción, el arte, la creación

TEJIDOS DUROS (HUESOS)
- lo espiritual

TEJIDOS BLANDOS
- lo mental

LÍQUIDOS
- lo emocional

CABEZA (centro de ideación)
- lo abstracto
- planificación
- creación de ideas
- la mente

MIEMBRO SUPERIOR (en general)
- lo que se hace o se hizo
- todo lo relacionado con el *hacer* está simbolizado en el miembro superior

HOMBROS
- comienzo del hacer
- lo más profundo del movimiento
- lo más profundo en el hacer
- lo más íntimo en el hacer

BRAZOS
- fuerza para lo que hay que hacer
- soporte en el hacer (recursos, logística)
- sostén interno o externo para poder hacer

CODOS
- flexibilidad
- capacidad de cambio durante el hacer
- soltura en el hacer
- rigidez en el hacer
- exactitud y precisión en la acción

ANTEBRAZOS
- lo mismo que los brazos, pero aumentando la exactitud en la acción

MUÑECAS
- lo mismo que los codos, pero llevado al ajuste de último momento en sus acciones

MANOS
- son las que realmente hacen
- son lo que llega más lejos en la acción

DEDO PULGAR
- pulmón (medicina china)
- tristeza
- melancolía

DEDO ÍNDICE
- intestino grueso (medicina china)
- tristeza
- melancolía

DEDO MEDIO
- circulación-sexualidad (medicina china)
- sistema nervioso autónomo

DEDO ANULAR
- triple recalentador (medicina china)
- sistema nervioso autónomo

DEDO MEÑIQUE
- intestino delgado (medicina china)
- corazón (medicina china)
- la discriminación mental
- el discernimiento
- sentido de la vida
- alegría de la vida

UÑAS
- aparato agresor
- arma corporal
- agresión interna o externa

MIEMBRO INFERIOR (en general)
- dirección que tomamos en nuestra vida
- sentido de nuestra vida

- rumbo de las cosas en nuestra vida
- los pasos que damos en la vida

CADERA
- lo más profundo del sentido de nuestra vida (en cualquier plano)
- lo más profundo del rumbo de nuestra vida
- inicio mismo del andar o del paso que damos (en cualquier plano)

MUSLOS
- sostén interno o externo para el camino
- fuerza para seguir en el camino
- debilidad para seguir en el camino
- fuerza para elevarse

RODILLAS
- flexibilidad en los pasos que se dan
- rigidez en el "andar"
- rigidez en el sentido de la vida
- amortiguación de los golpes (en cualquier plano)
- humildad
- orgullo

PIERNAS (pantorrillas)
- igual que los muslos, pero más allá en los pasos que se han dado

TOBILLOS
- apoyo interno o externo
- apoyo mental o espiritual
- equilibrio (o desequilibrio)
- estabilidad (o inestabilidad)

PIES
- apuntan hacia donde nosotros nos dirigimos
- son lo que llega más lejos en nuestros "pasos"

- raíz del cuerpo con el planeta
- cable a tierra con el mundo
- contacto con la materia

PRIMER DEDO DEL PIE (dedo gordo)
- bazo-páncreas (lado interno del dedo) (medicina china)
- rumbo que trazamos en nuestra vida
- preocupación
- hígado (lado externo del dedo)
- ira

SEGUNDO DEDO DEL PIE
- estómago (medicina china)
- preocupación

CUARTO DEDO DEL PIE
- vesícula biliar (medicina china)
- manifestación de la ira

QUINTO DEDO DEL PIE
- vejiga (medicina china)
- miedo
- coraje

CABEZA (en general)
- lo mental
- lugar para el alejamiento del mundo
- conexión con el infinito
- centro de comunicación con el exterior
- relación con la pelvis (sexualidad)

CARA
- máscara ante el mundo
- lo que mostramos al "afuera"

- lo más expuesto de nosotros

OJOS

- capacidad de ver (en todos los planos)
- todo lo que vemos
- miopía = miedo
- hipermetropía = ira reprimida
- presbicia = no querer ver el paso de la vida
- pérdida de un ojo = ver superficialmente la realidad

OÍDOS

- capacidad de "escuchar" (en todos los planos)
- escucharse uno mismo
- escuchar a los demás
- obediencia
- humildad

NARIZ

- conexión con la vida
- saturación (estar hasta la nariz)
- olfato (en cualquier plano)
- intuición
- llanto guardado

BOCA

- nutrición (física, emocional, mental o espiritual)
- "probar" la realidad
- "digerir" la realidad
- lugar de "masticación" de las ideas nuevas
- centro de comunicación
- expresión de pensamientos y sentimientos

DIENTES

- agresividad

- discriminación
- vitalidad

ENCÍAS
- sostén interior
- firmeza interna
- seguridad y confianza en uno mismo

CUELLO
- puente entre la cabeza y el cuerpo
- bloqueo de los pensamientos que no deben llegar al cuerpo
- excesivo control de lo que se piensa
- bloqueo de sensaciones y sentimientos que no deben hacerse conscientes
- excesivo control de lo que se siente
- capacidad de mirar en varios sentidos (otros puntos de vista)
- tozudez
- centro de expresión verbal, gestual o facial
- lugar de soporte de cargas físicas, emocionales y mentales
- afectado por el estrés crónico
- control en todos los aspectos

ESPALDA (en general)
- todo aquello que no vemos de nosotros mismos
- representa lo más Iang (el padre)
- apoyo paterno
- cimientos o pilar del ser

ESPALDA SUPERIOR
- lugar que manifiesta el sentir o expresar amor
- odio o ira reprimidos
- ambición
- logros truncados

- acciones pendientes de realización
- necesidad de estar sostenido

ESPALDA MEDIA

- conexión entre nuestro interior y el exterior
- proceso de crecimiento
- poder del yo
- lugar donde asienta el egoísmo
- identidad del yo (quién soy yo)
- lo negado de nosotros mismos

ESPALDA INFERIOR

- proceso de maduración
- envejecimiento negado
- sexualidad negada o bloqueada
- materialismo en todas sus formas

TÓRAX (en general)

- lo más interno nuestro
- lo más privado nuestro
- relación entre nosotros y nuestro interior

CORAZÓN

- representa la vida misma (junto con la sangre)
- sentido de la vida
- vinculado a la alegría
- sentido de la alegría de vivir
- símbolo del amor
- representa el sentir más profundo

SANGRE

- símbolo de la vida misma
- símbolo de la conexión con la vida
- símbolo del alma

- representa las emociones

VASOS SANGUÍNEOS
- transporte de la vida
- representa la presión (o tensión) en la vida
- hipertensión = problemas acumulados sin resolución
- hipotensión = huida de los problemas

PULMÓN
- cordón umbilical a la vida
- capacidad de absorber la vida
- relacionado con dar
- relacionado con recibir
- relacionado con el estado de vacío
- relacionado con el estado de plenitud
- órgano de contacto con el afuera
- órgano de contacto interno (sensaciones, emociones, pensamientos)
- relacionado con la tristeza o melancolía (medicina china)

SENOS
- femineidad
- dar desinteresadamente
- sexualidad
- protección (refugio)
- seguridad
- confort

ABDOMEN (en general)
- relacionado con el "afuera"
- absorción (en cualquier plano)
- eliminación (en cualquier plano)

ESTÓMAGO
- agresión interna

- agresión "tragada"
- "digestión" de ideas, sentimientos y acontecimientos
- preocupación (medicina china)

INTESTINO DELGADO
- absorción del afuera
- incorporación del afuera
- discriminación

INTESTINO GRUESO
- cualidad del desapego
- capacidad de desprendernos de lo nuestro (en cualquier plano)
- codicia
- avaricia
- lugar de desperdicios (en cualquier plano de la vida)
- lugar donde se guarda lo más "feo" de nosotros
- lugar donde se guarda lo que nadie debe ver de nosotros
- tristeza (su exteriorización) (medicina china)

ANO
- control de lo que sale de nuestro interior (en cualquier plano)
- miedo a mostrar lo peor de uno

PÁNCREAS
- relacionado con la dulzura (exceso o falta)
- relacionado con el amor
- manejo de nuestros afectos (lo que hacemos con ellos)
- relacionado con la amargura en la vida
- acidez en nuestros dichos o en lo que nos dicen

HÍGADO
- elimina tóxicos físicos (drogas, venenos, etc.)
- elimina tóxicos emocionales (mortificación, irritabilidad)
- elimina tóxicos mentales

- asiento de la ira
- metaboliza todos los excesos (en cualquier plano)

VESÍCULA BILIAR
- manifestación de la ira
- reservorio de ira no manifestada
- relacionado con la amargura
- ausencia de humor

RIÑONES
- intervienen en el crecimiento
- excreción
- eliminación de cosas físicas inservibles
- eliminación de emociones inservibles
- eliminación de pensamientos inservibles
- relacionado con todos los desechos (en cualquier plano)
- miedo (medicina china)
- audacia
- reservorio de la energía ancestral

VEJIGA
- almacenamiento de cosas físicas que ya no sirven
- almacenamiento de emociones que ya no sirven
- almacenamiento de pensamientos que ya no sirven
- miedo (medicina china)
- audacia

ÓRGANOS SEXUALES
- sexualidad
- capacidad de dar y recibir placer
- masculinidad
- femineidad

PIEL
- protección
- vulnerabilidad
- contacto con el exterior
- aislamiento
- sentido del placer
- contacto sexual

EJERCICIO 1

Simbología de los órganos

Tome una hoja de papel y realice los siguientes pasos:

1. Tome nota del tejido involucrado (sólido, blando o líquido). En este punto puede haber un solo tipo de tejido, combinarse dos o los tres.
2. ¿Qué lado del cuerpo está comprometido (izquierdo o derecho)? (En caso de ser un órgano medial como el corazón, este punto no interviene)
3. Si es parte del centro de ideación, del actor o del motor, anotar la idea clave según qué parte sea.
4. Anote finalmente las ideas clave del órgano o la parte corporal de que se trate.
5. Intente construir con todo esto una oración, que puede ser en forma de pregunta. Si esa idea específica no es la adecuada, pruebe con otra idea clave que pertenezca al órgano, hasta que le satisfaga la proposición formada.

Veamos un ejemplo:

Supongamos que usted tiene una uña encarnada infectada en el dedo gordo del pie derecho.

1. Si está infectado, intervienen los líquidos, o sea:

Componente emocional

2. Al ser el lado derecho, corresponde a:

trabajo
el afuera
lo masculino
relaciones con hombres
el padre
relaciones con el padre

3. Por ser el pie, pertenece al miembro inferior, o sea:

sentido de la vida

4. Es un dedo del pie, el dedo gordo:

el que llega más lejos
relación con el bazo (lado interno)
relación con la preocupación (lado interno)
relación con el hígado (lado externo)
relación con la ira (lado externo)

5. Hasta aquí, hemos reunido varias ideas clave. Si tomamos las primeras de cada grupo (en los casos donde haya más de una), tendremos:

emocional
trabajo

sentido, rumbo
llegar más lejos

Entonces, con todo el material reunido, podemos intentar construir una pregunta para explorarnos:

"¿Podría ser que tenga algún conflicto *emocional* en haber *llegado tan lejos* en mi *trabajo*?"

"¿Está sucediendo algo en mi vida que me obligue a *cambiar el rumbo* en lo que estoy haciendo en el aspecto *laboral*?"

"¿He *dado algún paso* en lo laboral que me haya movilizado emocionalmente?"

De esta manera podemos "jugar" con las distintas ideas clave hasta que alguna de las preguntas nos llame la atención. En aquella que nos resuene internamente, detengámonos y reflexionemos en forma profunda, "a calzón quitado", verazmente.

Tal vez hayamos encontrado lo que el interior de nuestro ser estuvo intentando comunicarnos a través de este problema…

CAPÍTULO 8

Error por más y por menos (el desajuste cuando no hay fricción)

Ya hemos desarrollado en capítulos anteriores el concepto de las fricciones que existen dentro de nuestros planos sutiles, y cómo esas fricciones pueden permanecer en su propio plano o precipitar hacia el cuerpo físico desencadenando una alteración funcional primero y estructural después. Ahora nos toca desentrañar otro concepto no menos importante, que es el de desajuste de las cualidades humanas.

Cuando estudié medicina china y acupuntura, aprendí un concepto que me dejó reflexionando largo tiempo, y que luego por analogía extendí a todos los planos de mi existencia. En el Tratado de Medicina China del gran profesor Nguyen Van Nghi, dice: "en energética china existen sólo dos problemas: problemas por más y problemas por menos. No existe otro problema fuera de esto".

En efecto, se explica de la siguiente manera: Si vemos un río que fluye normalmente, no hay ningún problema en ello. Si fluye poco, lo que ocurre es que se seca todo a su alrededor. Si fluye demasiado, se inunda todo a su alrededor. Como podemos ver, los problemas son "por más o por menos".

Se cuenta que cuando Buda comenzó su búsqueda interna, encontró refugio en una zona del bosque donde había varios ermitaños que practicaban la sujeción y el castigo corporal como camino espiritual.

Dice el Yogi Kharishnanda en su libro *El Evangelio de Buda*:

> ...unos tenían constantemente los brazos en alto, noche y día, hasta que minados por la enfermedad, exangües o anquilosadas sus articulaciones y rígidos sus miembros, surgían los brazos de sus hombros como ramas muertas de un árbol. Otros habían tenido tan fuertemente y tan largo tiempo cerradas las manos, que las uñas habían atravesado como agujas de acero las palmas, por las heridas ulceradas. Algunos calzaban sandalias de clavos, o laceraban frente, pecho y muslos con cortantes pedernales o los escarificaban al fuego atravesando sus carnes con espinas de junco y puntas de hierro, restregándose el cuerpo con cieno y cenizas, durmiendo sobre inmundicias y cubriendo sus lomos con harapos de muerto (...) Durante varios meses Buda mortificó su cuerpo (...) Sin embargo, no estaba satisfecho el bienaventurado, porque vio que la mortificación no extingue el deseo ni el éxtasis de la iluminación.

Todo esto lo llevó a abandonar a estos faquires y continuar su búsqueda por otro camino interno. Pero estaba tan débil que cayó rodando en una barranca hasta quedar a orillas de un río. Allí, medio inconsciente, vio pasar una barcaza en la que iban un maestro con su joven discípulo, quien intentaba hacer sonar un instrumento de cuerda. El maestro le dijo a su joven aprendiz: "no estires tanto la cuerda porque se corta; no aflojes tanto la cuerda porque no suena". Se dice que esto ayudó al Maestro Buda a meditar sobre el famoso "camino medio" que lo terminó iluminando espiritualmente.

Lo que acabo de contar nos introduce en el tema central de este capítulo, que es la medida en la que actúa cada cualidad que poseemos.

Existen cualidades en los seres humanos. Estas son calificadas en cada tiempo y en cada cultura como "buenas" o "malas". A pesar de lo que muchos creen, no han existido para la humanidad (en su aspecto de personalidad, no del alma) cualidades universalmente buenas o malas. Por ejemplo, matar un hijo recién nacido en la época actual en Occidente puede ser considerado un hecho aberrante. Sin embargo, en épocas pasadas, el sacrificio ritual religioso de niños era algo totalmente cotidiano y normal. La familia que entregaba un bebé para ser sacrificado era considerada especial y más elevada que el resto de la comunidad. Matar un ser humano es considerado un homicidio y castigado con prisión. Sin embargo, en época de guerra podemos ser considerados traidores y sometidos a juicio... ¡si nos negamos al homicidio del "enemigo"!

Hubo gente ajusticiada por hablar de "libertad, igualdad y fraternidad" hasta que triunfó la Revolución francesa... ¡que a su vez decapitó luego a centenares de personas en nombre de la "libertad, igualdad y fraternidad"!

En nombre de Dios misericordioso la "santa" inquisición secuestró, torturó y asesinó miles de personas durante 500 años por el solo hecho de no ser católicas o ser sospechosas de brujería.

Podríamos continuar dando ejemplos de cosas "buenas" y "malas" en cada contexto histórico, pero no sería nada más que ahondar en el mismo concepto una y otra vez.

Hemos visto que hablar de cualidades buenas o malas es algo relativo y que se presta a discusión. A pesar de todo, hoy estamos viviendo dentro de una cultura occidental que tiene parámetros morales bastante definidos. Hoy, en Occidente, podemos coincidir al hablar de cualidades humanas, y tenemos una cierta lista de cualidades que se consideran "buenas" así como otra lista de cualidades que se consideran "malas".

Justamente por esta razón existe un concepto importante para considerar, y es el siguiente:

TODOS LOS SERES HUMANOS
POSEEMOS
TODAS LAS CUALIDADES HUMANAS

Sí, todos los seres humanos poseemos todas las cualidades humanas. No nos falta ninguna de ellas. Pero si todos tenemos todas las cualidades, ¿qué es lo que nos hace diferentes? La diferencia radica en la *cantidad* (si es que vale este término) de cada cualidad dentro de nosotros.

Supongamos que podemos calificar con una nota entre 0 y 100 a cada cualidad. Alguien puede tener 64 de envidia, 79 de celos y 84 de egoísmo. Esto da unas notas altas en estas cualidades negativas. Otra persona puede tener 16 de envidia, 8 de celos y 20 de egoísmo, lo que da un perfil de su personalidad completamente distinto.

Lo que es importante de comprender es que, aunque sea con notas bajísimas, no nos falta ninguna de las cualidades, porque si esto sucediera dejaríamos de ser humanos. Hay personas que dicen no ser envidiosas. ¿Puede ocurrir que alguien no tenga nada de envidia en toda su vida? ¿Existe alguien con la nota 0 en envidia a lo largo de su historia? ¿Hay en el planeta alguien que jamás haya pensado "por qué el tiene determinada cosa y yo no"? Respuesta: **no, no existe.**

Pero entonces, ¿por qué alguien dice no tener envidia? Como no es posible no tener una cualidad, la opción que queda es que *la niega como propia.*

La negación de las cualidades llamadas negativas es la causa más común de conflictos en nuestro interior.

La negación de las cualidades negativas

Si estimamos que del total de cualidades la mitad son consideradas positivas y la otra mitad negativas, ¡estaríamos negando la mitad de todas nuestras cualidades!

¿Por qué ocurre este fenómeno de negar la mitad de todas las cualidades que poseemos? Respuesta: porque no está bien visto el hecho de mostrarlas.

Desde la más tierna infancia nos bombardean con conceptos de bondad y maldad... que no podemos ser "malos", que "nadie nos va a querer" si mostramos determinada cualidad o conducta, que nuestro "futuro será de intenso sufrimiento" si mantenemos este hábito, etc. Para empeorar las cosas, estos mensajes se dan en casi todos los ámbitos importantes de nuestra vida: en la casa, en la escuela, en la iglesia, etc. Y lo más complicado es que todo eso ocurre cuando no disponemos de una personalidad completamente madura para metabolizar dichos mensajes.

Entonces, teniendo 4, 5 o 6 años, ¿qué se puede hacer cuando somos de una determinada manera, pero todas las personas que consideramos importantes en la vida nos dicen que así no nos quieren? La salida de esta encrucijada es una conducta bastante sencilla: *ocultar estas cualidades para que nadie se entere de que están todavía en nuestro interior.*

Así, hemos conseguido zanjar esta dificultad que nos angustiaba. Al no mostrar más estas cualidades, los demás se quedan tranquilos y nos siguen queriendo "porque somos buenos".

El problema que tenemos ahora es que nosotros sí sabemos que estamos ocultando esta parte "oscura" de nuestro ser. Sabemos que estamos mintiendo y mostrando una máscara angelical cuando tenemos otra oculta tras la espalda, que no le gusta a nadie. Si llegan a descubrir que aún tenemos esta máscara, ¡sería un desastre!

Con el paso del tiempo, hasta nosotros olvidamos que poseemos estas cualidades feas, ya que de tanto guardarlas quedan en

un lugar mental al que Jung, personaje ilustre en el mundo psicológico, denominó *la sombra*.

En muchas casas hay algún lugar donde guardamos todas aquellas cosas que no queremos que se vean cuando viene gente de visita. La guardamos en algún baño, en alguna habitación, en algún desván. Si vamos a reunir personas en casa, todo aquello que sobre o afee el lugar será colocado ahí, en ese lugar "que nadie de afuera debe ver". De esta manera, la casa se verá perfectamente ordenada, limpia y hermosa a los ojos de nuestros visitantes. Pero nosotros sabemos que existe este espacio que "guarda lo que no debe verse", oculto a los ojos de los otros para que sigan pensando que nuestra casa es "perfecta". Esa habitación o lugar especial donde guardamos todo aquello que no queremos que los demás vean es *la sombra* de Jung.

Así, todas las cualidades que no nos gustan, que pensamos que no es bueno (socialmente) tener, las escondemos en *la sombra* y sólo mostramos a los demás nuestra parte linda, perfecta y elogiable.

¿Y qué hace la sombra mientras tanto? ¿Acepta sin más ni más estar oculta eternamente? Una amiga entrañable de nuestra familia, la Lic. Norma Sagreras, eminente psicóloga de Buenos Aires, me dijo una vez:

> Ocultar estas cualidades es como intentar mantener bajo el agua un barril vacío con nuestros brazos. El barril tenderá naturalmente a salir a la superficie, y en algún momento nuestras fuerzas se agotarán. No es posible mantener ese barril sumergido toda la vida.

Ocultar estas cualidades toda la vida es una tarea imposible, ya que estas no se limitan a dejarse encerrar en la sombra pasivamente. Todo el tiempo su tendencia será volver a salir del encierro al que fueron forzadas por nosotros mismos. En este punto surge una pregunta que todos hacen: ¿Y cuál es el mecanismo que tiene la sombra para salir a la superficie de nuestra conciencia? Hay dos mecanismos básicos:

- moverse "hacia afuera" (proyección)
- moverse "hacia adentro" (somatización)

1. Proyección: el movimiento hacia afuera

En este caso, la sombra utiliza el mecanismo de la proyección. Pensemos lo siguiente... Hay partes de nosotros mismos que no podemos ver directamente con los ojos: nuestro propio rostro, la parte posterior de la cabeza y la espalda son imposibles de ver de manera directa. A raíz de esta imposibilidad, nos valemos de un simple elemento que nos dé una imagen reflejada de esas partes. El elemento del que hablamos no es más que un simple espejo. A través de él podemos ver una imagen reflejada de nuestra cara o la espalda. Sabemos que no es una visión directa, sino un reflejo de ella en el espejo, pero nos sirve para conocer esta parte de nuestro cuerpo que no veríamos de otra manera.

Con la sombra ocurre exactamente igual. Esas cualidades que no queremos/sabemos/podemos ver de nosotros mismos son proyectadas hacia las personas que nos rodean, y al verlas en ellas generan un impacto emocional muy importante en nosotros, porque estamos apreciando un reflejo de lo que nosotros somos y no percibimos. Dado que ya hemos visto este mecanismo de proyección en el capítulo de las fricciones, no nos extenderemos demasiado aquí.

Otra forma de proyección de una cualidad que no aceptamos tener es *actuarla* de manera inconsciente con otros. Son muchas las ocasiones en las cuales no nos damos cuenta de la forma en que actuamos cuando nos relacionamos con los demás. Por supuesto que esta manera de hacer las cosas no es consciente, pero es concreta y todos los demás se dan cuenta de ello. Los únicos que no nos damos cuenta somos nosotros mismos.

A veces requiere mucho tiempo reconocer que eso que nos dicen de nosotros es real. Lo común es no aceptarlo y creer que los otros son los equivocados. Pero con el tiempo, en algún momento, tomaremos conciencia de que aquello que nos dijeron tantas veces era cierto, y entonces no nos quedará más remedio que aceptar que "esa forma horrible de actuar"... ¡era nuestra!

Las consecuencias para las dos maneras de proyectar son siempre las mismas: *conflictos con el afuera.* Ya sea que reaccionemos desmedidamente frente a algo que hacen otros o que actuemos esa cualidad que negamos de nosotros mismos contra los otros, terminaremos teniendo problemas con ellos. Y estos problemas no son más que la representación externa de eso mismo que llevamos dentro.

Esto que acabo de mencionar no hace más que confirmar una vez más el *Principio de Correspondencia* de la filosofía hermética:

COMO ES ARRIBA, ES ABAJO;
COMO ES ABAJO, ES ARRIBA.

La filosofía hermética debe su nombre al gran Maestro Hermes Trismegisto, quien vivió en el Antiguo Egipto y fundó una escuela filosófica e iniciática en esos tiempos. Lamentablemente, casi todo lo que estaba escrito sobre esta filosofía se perdió en el incendio de la Biblioteca de Alejandría. De lo poco que circula en el mundo sobre filosofía hermética, existe en español un libro imperdible llamado *El Kybalion*, que explica los siete principios de la filosofía hermética.

El primero de ellos es el de *correspondencia* que acabo de citar más arriba. Luego siguen los principios de *ritmo, mente, generación, causa y efecto, polaridad y vibración.*

En cuanto al principio de correspondencia, podemos ver en la proyección de la sombra cómo se aplica de manera perfecta. Por analogía podríamos decir que *lo que es adentro es afuera; lo que es afuera, es adentro.* Lo que tenemos en nuestro interior es aquello que proyectaremos al exterior. De acuerdo a este principio, podríamos pensar que el tipo de pareja que tengamos en nuestra mente, en nuestro interior, será la pareja que tendremos en la realidad; el tipo de mundo que creamos que es, es el mundo que viviremos; los miedos que tengamos en nuestra mente son las cosas que viviremos en la vida, etc.

En Oriente se toma muy en cuenta lo que nos pasa, porque muestra cómo es nuestro mundo interno. Y esto que sirve para el autoconocimiento también sirve como recurso importantísimo para curarnos y mejorar drásticamente nuestra vida: si cambiamos aquello que tenemos en nuestro interior... ¡el afuera cambiará también!

En mi consultorio utilizo esta forma de trabajar todo el tiempo. Procuro que la persona que me consultó cambie su mundo interno, sus creencias, sus hábitos en determinados temas, y entonces el afuera se transforma también a través de cambios en las circunstancias o en las personas que la rodeaban. No es un maquillaje; es un cambio genuino porque previamente ha mutado su interior, y como consecuencia el afuera da un giro inesperado, mostrando como un espejo que el cambio se ha realizado.

2. Somatización: el movimiento hacia adentro

Ya hemos visto cómo hace la sombra para escapar de su "escondite" en el primer mecanismo, es decir la proyección hacia el exterior. Ahora nos toca entender la segunda forma de hacerse visible, que es la que interesa particularmente en este libro: *meterlo en el cuerpo.*

Para que nosotros veamos aquello que intentamos ocultar a los demás, la sombra se vale del mecanismo de *somatización*, a través del cual terminamos sufriendo de alguna disfunción que nos hace ver por analogía aquello que no veríamos de otra forma.

Hemos explicado ya que estas cualidades precipitarán y generarán problemas físicos en aquel tejido u órgano que revele por analogía el aspecto o la cualidad exacta que estamos negando. También vimos que las fricciones pueden precipitar hasta el cuerpo físico, y que esto provocará primero una alteración funcional y luego una estructural.

¿Pero son sólo fricciones internas las que pueden precipitar y generar disfunciones? La respuesta, obviamente, es NO. La negación de una cualidad es una causa importantísima por la cual podemos enfermar; pero tampoco es la única...

El desajuste de una cualidad

Existe otro problema por el cual podemos tener problemas físicos que habrá que investigar análogamente: *el desajuste de una cualidad.*

Todo en la naturaleza tiene un rango dentro del cual, como dije al comenzar este capítulo, no habrá problemas. Todo tiene su "nota", todo tiene una "cantidad" dentro de la cual las cosas funcionan bien. Si miramos cualquier análisis de sangre, podremos darnos cuenta de los márgenes de normalidad de los componentes de la sangre: glucemia, urea, creatinina, sodio, potasio, magnesio, calcio, cloro, colesterol, transaminasas, etc., son ejemplos que nos grafican que hay un valor mínimo y máximo dentro de los cuales se mueven sus concentraciones sin generar problemas médicos.

Pero si la glucemia (azúcar en sangre) asciende a más de 110mg%, entonces tendremos lo que se denomina una hiperglucemia, con la cual puede haber aumento de sed, aumento del volumen de orina, pérdida de peso. Si desciende a valores por debajo de 70mg% también tendremos problemas, porque puede generar desmayos, etc.

Existen rangos normales de talla y de peso para ver si un niño crece de manera adecuada. Tanto si crece de menos como de más, pueden existir patologías que justifiquen ese desajuste. Hay valores máximos y mínimos en la frecuencia cardíaca, la frecuencia respiratoria, la tensión arterial, la temperatura corporal, etc.

Cualquier alteración de los parámetros considerados como normales generará algún tipo de disfunción en nuestro organismo.

Así como cada componente de nuestro cuerpo físico tiene rangos de normalidad, también tenemos estos "valores mínimos y máximos" en cada cualidad humana. Cada una de ellas, tanto las "buenas" como las "malas", deberán tener un rango, una cantidad dentro de la cual nos desenvolveremos sin demasiados problemas. Y el inconveniente surgirá en aquella cualidad que se mueva de su "valor normal".

Una vez, mientras daba un taller intensivo en la ciudad de Rosario (Argentina) en el centro Kenett (centro donde se forman reikistas con un profundo conocimiento espiritual) mencioné este tema del valor normal de todas las cualidades humanas, y de manera casual utilicé como ejemplo a la *intolerancia.* No tardaron más de diez segundos para que varias personas levantaran sus manos y me cuestionaran este ejemplo de la intolerancia, ya que consideraban que "no debíamos tenerla". Entonces les pregunté a todos: "¿Quién me regala a su hijo para que lo venda a los traficantes de personas y me quede con el dinero?". "¿Quién de ustedes se inyectaría heroína aquí delante de todos para que nos divirtamos viéndolo drogado?". "¿Quién de ustedes planificaría conmigo una estafa a todos nuestros amigos y familiares por cinco millones de dólares para irnos a vivir a algún rincón del mundo donde no nos encontraran?".

¡No debe tolerarse absolutamente todo! Hay casos en los cuales debemos ser intolerantes y utilizar esta cualidad para preservar o defender nuestra salud e integridad (física/emocional/mental) o la de nuestros seres queridos. Hasta Jesús el Cristo echó a latigazos a los mercaderes del templo cuando su paciencia espiritual llegó al límite.

Aquí hemos ejemplificado a la intolerancia en su "error por menos", donde corremos el riesgo de que se aprovechen de nosotros o de los que nos rodean. Pero también tendremos conflictos si tenemos esta cualidad "en exceso", ya que seremos intolerantes con todo y con todos, generando problemas interpersonales permanentemente.

Podríamos pensar otros ejemplos para cada una de las cualidades denominadas "malas" por nuestra cultura, ya que es sano poseer una cierta medida de estas cualidades para utilizarlas en aquellas circunstancias que lo requieran.

También las cualidades *buenas* nos traerán problemas si las utilizamos "de más" o "de menos". Pensemos en la humildad. ¿Qué pasaría si tenemos humildad de menos? Simple: nos volveremos arrogantes y altivos. ¿Y si tenemos humildad de más?: se aprovecharán de nosotros, nos utilizarán, se burlarán, etc.

Con todo lo que hemos detallado, podemos llegar a la siguiente conclusión:

TODA CUALIDAD (BUENA O MALA) QUE TENGAMOS DE MÁS O DE MENOS GENERARÁ PROBLEMAS

Y estos problemas, como ya sabemos también, podrán ser interpersonales (con el afuera) o intrapersonales (enfermedades).

Completando la exploración que ya hemos visto en el Ejercicio 1 (en el capítulo de la analogía de los órganos), deberemos agregarle ahora el concepto de "ERROR POR MÁS O POR MENOS".

EJERCICIO 2

Exploración de la cualidad (o conducta) de más o de menos

Continuando la exploración iniciada en el Ejercicio 1, y ya localizada la zona enferma y la analogía de la función del órgano afectado, hagamos la siguiente pregunta:

Esta cualidad que he encontrado, ¿la tengo de más o de menos?

¿En qué circunstancias (o contextos) puedo identificar el error (de más o de menos) de esta cualidad?

¿Con quién/quiénes actúo utilizando esta cualidad en forma errónea de más o de menos?

CAPÍTULO 9

Los tres campos de exploración

Ya hemos visto en capítulos anteriores que existen fricciones internas y que estas pueden permanecer en su propio plano o precipitar hasta el cuerpo físico determinando un problema de salud.

Luego vimos que nos podemos valer de la analogía para explorar de qué manera estas fricciones físicas pueden ser llevadas hasta planos más sutiles (emocional o mental), consiguiendo de alguna manera realizar el camino inverso y encontrar el origen de la fricción física en el plano sutil donde se originó.

Desarrollamos luego el concepto a través del cual no sólo las fricciones internas pueden desencadenar una enfermedad, sino que también las cualidades desajustadas por más o por menos pueden precipitar hasta el cuerpo físico y originar una enfermedad o un mal funcionamiento físico. Al igual que en el caso mencionado primero, la analogía nos ayudará para buscar esa cualidad en función del órgano afectado y "elevarlo en planos" hasta encontrar esa cualidad "desafinada" para realizar su curación en el plano donde se desencadenó.

Ahora veremos una forma de organizarnos en la exploración de estos problemas (y que nada se nos pase por alto) para cubrir todos los espacios posibles donde cada cualidad puede expresarse.

Las sistemáticas de trabajo tienen la ventaja de pensar todo una sola vez, y a partir de ahí anotarlo con el fin de repetir esa secuencia de funciones cuantas veces se lo necesite, sin tener que volver a concentrarse cada vez como si fuera la primera.

En ciertas disciplinas, a estas funciones sistematizadas se las denomina *protocolos*.

El diccionario nos ayudará nuevamente con la palabra *protocolo:*

1. Serie ordenada de escrituras matrices y otros documentos que un notario o escribano autoriza y custodia con ciertas formalidades.
2. Acta o cuaderno de actas relativas a un acuerdo, conferencia o congreso diplomático.
3. Regla ceremonial diplomática o palatina establecida por decreto o por costumbre.
4. Plan escrito y detallado de un experimento científico, un ensayo clínico o una actuación médica.

La acepción 4 es la que nos viene en ayuda. Es un *plan escrito y detallado*, que una vez establecido no hace falta más que repetirlo una y otra vez.

En medicina es muy común hablar de "normas de tratamiento" o "protocolos de tratamiento". Existen protocolos de tratamiento que se consensúan internacionalmente, de manera que una determinada patología tiene el mismo tratamiento en Nueva York, Londres, Hamburgo o Buenos Aires. Estos protocolos se van actualizando y revisando permanentemente. Cada actualización a su vez se difunde globalmente, consiguiendo así integrar la información científica actualizada.

Los pilotos de aviones comerciales, apenas entran en la cabina, realizan una serie de verificaciones técnicas del avión que están sistematizadas en planillas. De esta manera no queda nada sin verificar antes de hacer despegar la aeronave.

Veamos ahora lo que a nosotros nos interesa en este momento: la sistemática de exploración personal de cualquier cualidad.

Debemos comenzar entendiendo lo que decían los maestros orientales hace 10.000 años:

Nosotros somos una entidad espiritual que, a los fines del aprendizaje y la experimentación, ha decidido encarnar en una estructura formada por los cuerpos físico, emocional y mental inferior o intelecto (el mental superior es un cuerpo de características espirituales).

Este conjunto conformado por los tres cuerpos mencionados lleva la denominación de *personalidad*. Personalidad es a lo que vulgarmente denominamos el YO. A través de la personalidad podemos captar el mundo externo con los sentidos, y a su vez podemos actuar sobre el mundo externo mediante nuestras palabras y acciones (o las omisiones de estas).

En Oriente se estudia con más detalle que en Occidente a los órganos de interacción con el exterior. Estos órganos de los sentidos reciben en India el nombre de *indriyas*. Según H.P.B. en su *Glosario Teosófico*, la palabra *indriya* significa "fuerza, poder, facultad o potencia humana; sentido".

Estos ***indriyas*** son de dos tipos:

1. los *jnanendriyas* y
2. los *karmendriyas*.

1. Los *jnanendriyas* (las cinco vías o conductos del conocimiento) tienen la función de percibir el mundo fenoménico e introducirlo en nuestro interior. Esta función de contacto con el mundo externo son los cinco sentidos tan conocidos en Occidente:

- tacto,
- gusto,
- olfato,
- audición y
- vista,

con sus correspondientes órganos manifestados en el cuerpo físico:

- la piel para el tacto,
- la lengua para el gusto,
- la nariz para el olfato,
- el oído para la audición, y
- los ojos para la vista.

De esta manera, a través de los *jnanendriyas*, el movimiento es de afuera hacia adentro, es decir desde el mundo fenoménico hacia el interior del Ser. Pero como también tenemos que interactuar con el medio, poseemos otros cinco *indriyas*: los *karmendriyas.*

2. Los *karmendriyas* nos permiten actuar en el exterior. Estas cinco funciones o facultades de acción son:

- el habla,
- la manipulación,

- la locomoción,
- la excreción y
- la generación,

con sus órganos de expresión física:

- la lengua para el habla,
- las manos para la manipulación,
- los pies para la locomoción,
- el tubo digestivo y el aparato urinario para la excreción, y
- el sistema reproductivo para la generación.

Nos valemos de estos últimos *indriyas* para realizar un movimiento de fuerzas desde adentro hacia fuera de nuestro ser, es decir en sentido totalmente opuesto a los órganos de los sentidos.

Cinco sentidos para ingresar experiencias y cinco sentidos para promover experiencias y modificar el medio. Este es nuestro equipo en el plano físico.

Para comprender la sistemática de exploración, podríamos decir que estamos nosotros y todo aquello que no somos nosotros (los objetos materiales, las personas, los animales, los vegetales, los minerales). Frente a esta forma de ver la realidad, terminamos teniendo sólo dos variables: la variable *yo* y la variable *afuera.*

Pensemos un instante y nos daremos cuenta de que todo aquello que no somos nosotros lo podremos llamar el *afuera* (de nosotros).

Como el *yo* interactúa con el *afuera,* sólo existen cuatro formas de relacionarse para estas dos variables:

1. *afuera/afuera*
2. *afuera/yo*
3. *yo/afuera*
4. *yo/yo*

Tomemos cualquier ejemplo de alguna cualidad o acción humana y veremos cómo se aplican las cuatro formas de relacionar estas dos variables. Podríamos considerar como ejemplo a "la crítica":

1. *afuera/afuera:* alguien (podemos conocerlo o no) critica a otro que no somos nosotros
2. *afuera/yo:* alguien nos critica
3. *yo/afuera:* nosotros criticamos a alguien
4. *yo/yo:* nos criticamos a nosotros mismos

Si tomamos "la compasión" (algo positivo)...

1. *afuera/afuera*: alguien (en cualquier parte del mundo) es compasivo con otro
2. *afuera/yo*: alguien es compasivo con nosotros
3. *yo/afuera*: somos compasivos con alguien
4. *yo/yo*: somos compasivos con nosotros mismos

Como podemos ver en estos dos ejemplos, cualquier situación que tenga que ver (en este caso) con la crítica o la compasión estaría incluida dentro de alguna de estas cuatro variables. Nada queda fuera de este análisis.

Ahora bien, en el primer caso, donde el afuera interactúa con el afuera, no nos debería interesar porque no estamos implicados y por lo tanto la oportunidad de aprendizaje no existe. Tal vez ni siquiera nos enteremos de que alguien critica a otro. Tal es el caso de una persona en Ruanda que critique a otra persona vecina. ¡Seguro ni siquiera nos enteremos de ello en toda la vida! Por eso, a los fines del crecimiento interno y la exploración personal, deberíamos descartar esa opción.

Cuando expongo estas ideas en mis talleres, muchos me preguntan: "Pero si yo observo una persona que critica a otra y esto me afecta, ¡entonces deberíamos considerarlo!"... A lo que contesto: "Si el afuera te está afectando de cualquier manera, estamos frente al caso 2 (*afuera/yo*), por lo que deja de ser el caso 1 (*afuera/afuera*)".

Por lo tanto, descartado el primer caso de relación de variables, sólo nos quedan tres variables más entre nosotros y el afuera: el afuera con nosotros, nosotros con el afuera y nosotros con nosotros mismos.

Hay otra cuestión muy importante para considerar. Si exploramos cualquier tema con profunda sinceridad hacia nosotros mismos, encontraremos que *la variable* ***yo/yo*** *siempre estará presente*, porque de lo contrario esa cuestión no existiría en nuestras vidas. Paso a explicar...

Ya hablamos de la filosofía hermética, de Hermes Trismegisto y del Principio de Correspondencia: *Como es arriba, es abajo; como es abajo, es arriba.* La primera leída de este principio tal vez nos haga pensar en un trabalenguas sin sentido, pero si lo analizamos con detenimiento nos hará comprender, por ejemplo, que estamos hechos "a imagen y semejanza de Dios". Este versículo bíblico... ¡cumple con el principio de correspondencia!

De esta manera, y utilizando este principio de correspondencia análogamente, podemos decir: "como es adentro, es afuera; como es afuera, es adentro".

¿Qué significa esto? Que no puede haber nada en nuestra vida que no esté también (y previamente) en nuestro interior. Nada puede haber en el afuera que no esté también en el "adentro".

Por esto se utiliza todo lo que vivimos como algo que tenemos en nuestro interior y que nos cuesta ver como propio, algo que también hemos visto en otro capítulo. Todo aquello que vivimos es por algo, cada cosa nos dice algo de nosotros también. Esta es la razón por la cual resulta tan fundamental vivir con plena conciencia cada acontecimiento, ya que nos da información sobre nosotros mismos de manera instantánea.

Y también sirve para darnos cuenta de cuándo un tema está trascendido, porque cuando este mismo tema ya no existe en nuestro interior, *¡dejan de ocurrirnos las cosas que nos remiten a dicho tema!*

Una vez vino una paciente a mi consultorio totalmente enojada con su suegra porque se enteró que ella (la suegra) murmuraba cosas de su persona que no eran ciertas.

–¿Te parece que diga semejante cosa de mí? ¡Esto es inaudito! ¡Es indignante! –gritaba.

–Bueno, veamos un poquitito más detalladamente esto –le dije–. Está claro que tu suegra murmuró cosas sobre tu persona. Ahora te pregunto: ¿nunca murmuraste sobre alguien?

Ella se puso pálida primero y roja después.

–¿¡Y eso qué tiene que ver con lo que yo estoy contando ahora?!

–Que todo es lo mismo –le contesté–. Si queremos eliminar la murmuración de nuestras vidas, tendremos que buscar en todos los rincones de nuestra "casa interna" esperando encontrar murmuración y terminar con ella. Cuando dejes de murmurar sobre otras personas, es posible que los demás dejen de murmurar sobre tu persona.

Como podemos ver, cada vez que realmente queramos aprender algo a fondo, tendremos que utilizar esta sistemática de exploración de dicho tema.

Ya que hemos comprendido la sistemática de exploración en las tres variables posibles, podemos ahora continuar con un ejercicio.

EJERCICIO 3

Exploración de los tres campos

Una vez que encontramos la cualidad que está en juego en mi problema de salud, investiguémosla en las tres variables posibles:

1. ¿El afuera ejerce esta cualidad o acción sobre mí?
2. ¿Yo ejerzo esta cualidad o acción sobre el afuera?
3. ¿Yo ejerzo esta cualidad o acción sobre mí mismo/a?

CAPÍTULO 10

El beneficio secundario de la enfermedad

Hemos visto en capítulos anteriores que nosotros podemos enfermar por causas externas y (lo más importante para este libro) por causas internas. Estas fuerzas internas podían ser las fricciones o los desajustes en cualquiera de nuestras muchas cualidades. El desajuste, si no se mantiene en su propio plano, precipita hasta llegar al cuerpo físico desencadenando (en el órgano análogo a la cualidad comprometida) una alteración que puede ser inicialmente funcional y luego (de no mediar curación) estructural.

El problema (también comentado previamente) es que nosotros no somos conscientes de todo este proceso anterior al síntoma físico y recién nos damos cuenta de que algo no anda bien cuando algún órgano funciona mal o tenemos algún dolor.

Es en ese momento que, si queremos aprender de la situación e intentar la sanación, deberemos realizar el camino inverso ("del cuerpo al espíritu", como el título de mi primer libro) para encontrar el origen sutil de nuestro problema actual no sutil.

Como todo este proceso no fue consciente para nosotros, realizar el camino inverso, indagar qué es lo que realmente ocurrió, encontrar qué es lo que debemos modificar... es un verdadero misterio.

Muchos de nosotros hemos jugado al laberinto en las revistas de juegos de ingenio. Es un juego en el cual hay varias entradas, pero sólo una es la que llega al centro del laberinto; el resto se interrumpe en algún punto de su desarrollo. Cuando iniciamos el juego por uno de los caminos posibles, debemos seguirlo para ver si llegamos al centro o no. Si el camino se interrumpe, deberemos comenzar la búsqueda por otra vía, y así sucesivamente hasta llegar a la meta del juego.

Pongo este ejemplo porque en ocasiones, explorando la causa de las enfermedades junto con mis pacientes a lo largo de 24 años, he tenido que comenzar de nuevo por otra senda de exploración porque aquella en la que me encontraba no llegaba a nada.

Podemos utilizar alguno de los ejercicios que mencioné en capítulos anteriores y no llegar a ningún resultado apreciable *con esa técnica en particular.*

Si iniciamos nuestra investigación con una técnica determinada (ya hemos visto 3 ejercicios de exploración) y esta no nos lleva a ninguna respuesta adecuada, pues entonces deberemos dejarla y emprender nuestra búsqueda por otra vía.

Y si no es esa, por otra; y si no, por otra, y así sucesivamente hasta encontrar la respuesta de sanación que estamos buscando.

Muchos son los que me preguntan, cuando llego a este punto de la explicación, cómo sabemos cuál es la respuesta correcta. La contestación es bastante sencilla: lo sentimos en nuestro interior de una manera abrumadora. Si es el punto justo, instantáneamente sentiremos que hemos llegado a la meta esperada.

Cuando este conocimiento llega a nuestra conciencia, sentiremos absoluta certeza de ello. Como bien dice el diccionario, la certeza es el *conocimiento seguro y claro de algo.* Al experimentar certeza, nosotros sabremos que eso **es así**, y que nada que nos digan los demás nos podrá convencer de lo contrario. La certeza no es algo para salir a predicar ni para tratar de convencer a los demás. Es un estado interno de firmeza total sobre lo que hemos experimentado. ¿Cómo me puede describir alguien la experiencia de mojarse? ¿Cómo me puede contar alguien el sabor de una frutilla? Esto resulta imposible de transmitir. Sin embargo, cualquiera que se ha zambullido en una piscina o que ha probado una frutilla tiene la certeza de esa experiencia, y no necesita salir a predicar ni a convencer a nadie sobre lo que vivió cuando atravesó la experiencia.

En este capítulo exploraremos una vía más de búsqueda para ver si encontramos el camino de sanación buscado, mientras que en los capítulos siguientes se detallarán otras técnicas para continuar la exploración del significado existencial de la enfermedad.

El beneficio inconsciente

Existen circunstancias en nuestra vida donde no hay una fricción o algún desajuste en nuestro interior. A veces *buscamos una determinada situación de vida* que no podemos alcanzar de manera ordinaria, pero tal vez enfermando podríamos alcanzar esa situación *a través de la enfermedad.*

Hay personas que se enferman para que las cuiden; otras para generar lástima; otras para tiranizar a toda la familia; otras para cuidarse a sí mismas ya que nunca lo hicieron antes espontáneamente; etc. La enfermedad, entonces, se convierte en el medio a través del cual obtenemos aquello que inconscientemente deseamos pero que no conseguimos de manera simple.

Veamos algunos ejemplos para esclarecer este concepto.

Muchos niños se enferman con el fin de que su familia se reúna a cuidarlos. Esto es así en pueblos de origen sobre todo alrededor del Mediterráneo, donde la enfermedad es vista como un momento donde al paciente se lo malcría, se le dan todos los gustos y la familia está junto a él la mayor cantidad de tiempo posible. Esta forma de ser mediterránea (la Argentina tiene una población formada por inmigraciones mayoritariamente españolas, italianas, griegas, árabes y judías) hace que muchos niños utilicen inconscientemente su enfermedad como un recurso para juntar a la familia. He visto a lo largo de mi carrera muchos niños que, frente a la posible separación de sus padres, se enfermaron para que "los cuidaran los dos juntos" y de esta manera conseguir con su pensamiento mágico que los padres no se separen.

Distinto es en los pueblos nórdicos europeos, donde por lo general ocurre todo lo contrario. El enfermo prefiere estar solo o mínimamente acompañado durante su enfermedad.

Hace unos años atendí una mujer que enfermó de cáncer de mama con la fantasía de que su marido le prestara más atención. Lo que sucedió fue lo contrario... ¡le prestó menos atención que antes! Él no soportaba estar al lado de una persona enferma y por lo tanto buscaba todo tipo de excusas para estar el menor tiempo posible en la casa. La decepción fue terrible para ella, pero a la vez fue su motor para la curación (cumplió el tratamiento de cirugía y quimioterapia y nunca volvió a enfermar).

He visto muchas casos en que la enfermedad es un recurso extraordinario para manipular a la familia, ya que resulta mucho más difícil contradecir o poner límites a una persona enferma...

Estos son sólo algunos ejemplos de cómo enfermarse puede resultar beneficioso. Es lo que se llama el *beneficio secundario de estar enfermo.*

Subconsciente y supraconsciente

Aquí entramos en un tema de cierta controversia con la ciencia psicológica occidental. En Occidente se habla del inconsciente como de aquello que proviene de nuestra personalidad y que no está en nuestra esfera de percepción consciente. Este conocimiento se lo debemos al gran investigador y científico Sigmund Freud, quien sentó las bases para todo el desarrollo de la psicología actual.

Ahora bien, ¿esto termina aquí? ¿El inconsciente es sólo esta parte de la personalidad? ¿No existe nada más que el consciente y el inconsciente tal como lo plantea la psicología occidental?

Miles de millones de personas creen (o mejor dicho tienen la certeza) en la existencia del alma.

> ¿En qué parte actúa el alma de cada uno cuando no somos conscientes de ella?
> Si el alma también actúa de manera inconsciente, ¿entonces de qué inconsciente hablamos?
> ¿Existe entonces un inconsciente más amplio que el que nos enseña la psicología de Occidente?

Si estamos dispuestos a aventurarnos a un cambio de paradigma, entonces podemos continuar leyendo...

Lo que nosotros llamamos *consciente* es aquella parte de nuestra mente a la que podemos tener acceso voluntariamente. Si queremos mover el dedo índice para dar vuelta la página de este libro, simplemente lo hacemos, y esto es parte de nuestro consciente voluntario. Si queremos recordar lo que comimos ayer durante el almuerzo, simplemente pensamos un poco y lo recordaremos. Esto es parte de nuestro consciente también. Lo que pensamos y sentimos es nuestro consciente. Podríamos decir que *en todo lo que exista conciencia del ego estaría el consciente.*

Sin embargo, existe una parte inmensa de conocimientos y recuerdos que ya no están accesibles de manera voluntaria. Cada instante de nuestra vida queda grabada en alguna parte de nuestra mente. Imaginemos lo que sería para nosotros recordar cada instante de nuestra vida, los conflictos, los traumas, etc. Sería verdaderamente abrumador. Estos recuerdos existen, pero en otro compartimiento (si podemos llamarlo así) de nuestra mente, a la que no tenemos acceso voluntario. Esto es lo que Freud llamó el inconsciente, y que nosotros en este libro llamaremos *subconsciente.*

¿Qué porcentaje de nuestra mente es subconsciente? La mayor parte. Podríamos hacer el siguiente planteo: pensemos cuántos recuerdos tenemos de nuestra vida entera y relacionémoslo con lo que realmente hemos vivido. Tal vez así nos daremos cuenta de que lo que mantenemos en nuestro consciente es una muy pequeña fracción del recuerdo total, tal vez apenas 5% o 6%.

Swami Vivekananda, gran maestro espiritual de la India, habla de estos conceptos del inconsciente que mencioné previamente pero va más allá, porque agrega todo el plano del alma, que no está tenida en cuenta en Occidente.

Vivekananda dice que todo lo que concierne a lo espiritual también forma parte de lo inconsciente, pero no contiene los mismos componentes.

Lo que proviene del mundo espiritual provee siempre algo *superior* y *no conocido previamente.* Esta es la idea clave. Al ser un plano superior al de la mente ordinaria o consciente, podríamos llamarlo *supraconsciente.*

Este mismo maestro comenta: ¿Cómo podemos distinguir si luego de salir de un estado meditativo estuvimos paseando por el mundo sub o supraconsciente? Simplemente porque cuando viajamos por el mundo subconsciente y regresamos, *no traemos ningún conocimiento nuevo ni elevado,* simplemente es algo que ya hemos vivido y lo traemos a nuestra memoria. El subconsciente, como ya dijimos, contiene todo aquello que ya hemos vivido pero no recordamos hoy. En cambio, cuando viajamos por el mundo de lo supraconsciente (esto se llama Samadhi en sánscrito), siempre traemos con nosotros algo nuevo, algo que no estaba previamente dentro de nosotros. Veamos qué dice textualmente Vivekananda (Raya Yoga, Swami Vivekananda, 1987: p. 100-103):

> Tenemos, entonces, dos planos en los cuales la mente humana actúa. Primero está el plano consciente, en el cual toda acción está siempre acompañada de la consciente presencia del ego. Luego viene el plano inconsciente, donde las acciones no son acompañadas por dicha presencia...
> Hay un plano superior donde la mente puede actuar... Así como la acción inconsciente está por debajo de la conciencia, así también hay otra clase de acción que está por encima de la conciencia, que tampoco está acompañada del consciente ego. La conciencia del ego se encuentra solamente en el plano medio...
> Cuando la mente está arriba o por debajo de esa línea no hay ningún sentimiento del "yo", y no obstante la mente actúa. Cuando la mente está arriba de esta línea de la conciencia del "yo", a este estado se lo llama *samadhi* o supraconciencia. Por ejemplo, ¿cómo sabemos que un hombre en *samadhi* no está por debajo de la conciencia, no se ha degenerado en lugar de alcanzar algo más elevado? La respuesta es que por los efectos, por los resultados de la acción, sabemos qué es lo que está debajo y lo que está arriba...

De un estado el hombre vuelve siendo el mismo que antes, y *en el otro estado, el hombre retorna iluminado, sabio, profeta, santo; su carácter totalmente cambiado, su vida cambiada, iluminada.*[3] Estos son los dos efectos. De modo que siendo los efectos diferentes, también las causas deben ser diferentes. Como la iluminación con que el hombre retorna del *samadhi* es superior a la que puede lograr de la inconciencia, o más elevada que la que puede tener razonando en el estado consciente, debe haber, por lo tanto, un estado de superconciencia [supraconciencia], y a este estado superconsciente se llama *samadhi.*

[...] El Raja Yoga nos hace saber que la mente en sí tiene un estado superior de existencia, que ha trascendido la razón, un estado supraconsciente, y que cuando la mente alcanza ese estado elevado, entonces el conocimiento que se halla más allá de todo razonamiento llega al hombre. El conocimiento metafísico y trascendental llega al hombre. El estado que se halla más allá de la razón, que trasciende la naturaleza humana común, puede llegar por casualidad a un hombre que no conoce esta ciencia; podría decirse que él tropieza con ello. Cuando se encuentra sorpresivamente con esto es interpretado, generalmente, como proveniente de afuera. De modo que esto explicaría por qué la inspiración, o conocimiento trascendental, puede ser lo mismo en cualquier lugar de la tierra, pero en un lugar aparecerá como viniendo de un ángel y en otro de un deva, en un tercero por medio de Dios. ¿Qué quiere decir esto? Quiere decir que la mente asió el conocimiento de su propia naturaleza y que el descubrimiento del conocimiento fue interpretado de acuerdo con la creencia y educación de la persona a través de la cual llegó.

[3] N. del A.: El destacado es mío.

Creo que no hace falta agregar nada a las clarísimas y sencillas palabras del gran Maestro Vivekananda. De acuerdo a la visión oriental, tendríamos dos inconscientes: uno por debajo de la mente ordinaria y otro por encima, donde se halla nuestro componente espiritual. Lo que provenga del supraconsciente es para beneficio nuestro o de la humanidad, por lo tanto siempre es bueno.

Esta idea de lo supraconsciente, inexistente en Occidente, hace que tengamos dos fuentes inconscientes de nuestro accionar. Cuando nos pasa algo en la vida y no sabemos por qué nos está pasando, no sólo deberíamos pensar que lo estamos haciendo subconscientemente, sino que ahora le deberemos agregar que tal vez esto que nos ha ocurrido sea provocado por nuestra propia alma porque *debemos vivir eso y no otra cosa* para obtener determinado aprendizaje que sólo nuestra alma sabe.

El Maestro Tibetano Djwhal Khul, en su libro *El Discipulado en la Nueva Era II* (Bailey, 1989: p. 110), menciona un *mantram* que he seguido por años y que reverbera en mi interior muchas veces a lo largo de cada día de mi vida. Hace años, integrando un grupo de meditación y estudio de unas pocas y cuidadosamente seleccionadas personas, seguimos las instrucciones dadas por el Maestro Tibetano sobre cierta meditación. En ella se da a conocer el *Mantram de Unificación* que él entregó al planeta en septiembre de 1939.

Como no todas las personas saben el significado de la palabra *mantram* (o *mantra*), veamos lo que dice H. P. Blavatsky sobre el término:

> *Mantra* [*o Mantram*] (Sánscrito). Los mantras son versos tomados de las obras védicas y usados como encantos y hechizos. Por mantras se entienden todas aquellas porciones

de los Vedas que son distintas de los Brâhmanas, o su interpretación. Mantras o encantaciones, ensalmos, etc., son ciertas combinaciones de palabras rítmicamente dispuestas, mediante las cuales se originan ciertas vibraciones que producen determinados efectos ocultos. Esotéricamente, los mantras son más bien invocaciones mágicas que oraciones religiosas. Como enseña la ciencia esotérica, *cada sonido en el mundo físico despierta un sonido correspondiente en los reinos invisibles e incita a la acción alguna fuerza u otra en el lado oculto de la Naturaleza.*[4] (Doctr. Secr., III, 451). El sonido es el más eficaz y poderoso agente mágico y la primera de las llaves para abrir la puerta de comunicación entre los mortales y los Inmortales. (Id., I, 502). Por otra parte, cada letra tiene su significado oculto y su razón de ser; es una causa y un efecto de otra causa precedente, y la combinación de estos produce con mucha frecuencia los más mágicos efectos. Las vocales, sobre todo, contienen las potencias más ocultas y formidables. (Id., I, 121). Los Mantras están sacados todos de libros especiales que los brahmanes mantienen ocultos y, según se dice, cada uno de ellos produce un efecto mágico, puesto que quien lo recita o lee, con sólo cantarlos [con la entonación debida] origina causas secretas que se traducen en efectos inmediatos. (Id., I, 511). En la mayoría de los casos –dice M. Leadbeater– la fórmula no sirve más que para fortalecer la voluntad del que hace uso de ella y para imprimir en la mente del sujeto el resultado que se desea obtener. Al logro de este resultado contribuyen no poco la firme confianza del operador y la fe ciega del sujeto. La voz mantra tiene, además, otras acepciones: lenguaje, especialmente el

[4] N. del A.: El destacado es mío.

> sagrado; sentencia; texto; himno védico, plegaria, rezo; encanto, hechizo, ensalmo, conjuro; verso o fórmula mística de encantamiento, etc.

Dicho *Mantram de Unificación* es el siguiente:

Los hijos de los hombres son uno y yo soy uno con ellos.
Trato de amar y no odiar.
Trato de servir y no exigir servicio.
Trato de curar y no herir.

Que el dolor traiga la debida recompensa de luz y amor.
Que el alma controle la forma externa,
la vida y todos los acontecimientos,
y traiga a la luz el Amor
que subyace en todo cuanto ocurre en esta época.

Que venga la visión y la percepción interna.
Que el porvenir quede revelado.
Que la unión interna sea demostrada.
Que cesen las divisiones externas.
Que prevalezca el amor.
Que todos los hombres amen.

Este *mantram* es muy poderoso y va produciendo una transformación interna a medida que pasan las semanas y se lo repite incansablemente.

En relación al tema que estamos tratando, conviene tener en cuenta la parte del *mantram* que hace referencia a la influencia del alma en nuestra vida: "que el alma controle la forma externa [la personalidad], la vida y todos los acontecimientos, y traiga a la luz el amor que subyace en todo cuanto ocurre en esta época".

Cuando pedimos que sea nuestra propia alma quien controle nuestra personalidad y lo que nos ocurra, dejamos el espacio para que sea el supraconsciente el que guíe nuestros pasos.

Buda menciona que todo lo que nos ocurre en nuestra vida (lo bueno y lo malo) son simples circunstancias de aprendizaje, materias que debemos aprobar en nuestra escuela de la vida. Si esto es así, entonces nuestra alma nos colocará en situaciones por las cuales deberemos transitar *para aprender* algo. Visto así, lo que nos pasa nunca es fortuito ni azaroso, porque es nuestra alma la que va dirigiendo el timón de nuestro rumbo (de manera inconsciente, supraconsciente para nosotros) y nos coloca en esas situaciones y no en otras.

Por esto, cuando nos suceden cosas, sin importar si son buenas o malas de acuerdo a nuestro juicio, deberíamos preguntarnos:

¿Qué es lo que tengo que aprender de esta circunstancia?
¿Por qué mi alma me habrá colocado aquí?

La exploración

Toda esta larga explicación sobre el supraconsciente sirve para que comprendamos que no siempre enfermamos por causas de nuestra personalidad intentando manipular el entorno, o por conflictos sin resolver, etc. Muchas veces enfermaremos para:

- prestarnos atención,
- cuidarnos,
- descansar,
- agradecer a otros,
- darnos cuenta de que somos valiosos para otros,

- depender de los demás,
- descubrir que tenemos que hacer algo más que trabajar, comer y dormir; etc.

Ninguna de estas razones se podría definir como inconsciente desde el punto de vista psicológico tradicional. Lo que se busca en ellas tiene un claro sentido existencial o espiritual, y por lo tanto recordando a Vivekananda, "por los efectos, por los resultados de la acción reconoceremos la diferencia", podremos discernir en cada caso que analicemos cuál es el origen inconsciente que motivó el hecho de enfermar, si el sub o el supraconsciente.

Existen 5 preguntas que son clave para investigar nuestra enfermedad por el efecto que ella provoca en nuestras vidas, y las veremos a continuación...

EJERCICIO 4

El beneficio secundario de mi enfermedad

¿Qué consigo estando enfermo/a?
¿Qué dejé de conseguir estando enfermo/a?
¿Qué me impide hacer mi enfermedad?
¿Qué me obliga a hacer mi enfermedad?
¿Yo estoy así porque estoy enfermo o me enfermé para estar así?

Simplemente como ilustración de las preguntas anteriores, he encontrado en mi práctica profesional las siguientes respuestas (las más comunes):

Tal vez estando enfermos/as hemos conseguido
- que nos presten atención,
- dominio familiar,
- que nos obedezcan,
- que nos dejen en paz,
- que se callen de una vez,
- obtener privilegios; etc.

O tal vez hemos dejado de conseguir
- el desprecio de los demás,
- obligaciones,
- responsabilidades,
- cargas en el trabajo; etc.

O quizás nuestra enfermedad nos impida
- trabajar,
- hablar,
- caminar,
- dar un paso,
- seguir adelante,
- bastarnos por nosotros mismos; etc.

O tal vez nos obligue a
- depender de otros,
- pedir algo a otros,
- cuidarnos,
- "escuchar" nuestro cuerpo,
- descansar,
- pensar sobre la vida; etc.

Son muchas las personas que, investigando de esta manera, se dan cuenta de alguna cosa clave en su vida, y es entonces cuando agradecen estar o haber estado enfermos porque fue a través de su propia enfermedad que transitaron ese camino de descubrimiento.

CAPÍTULO 11

La enfermedad alimentada

Luego de estudiar la carrera de medicina (entre 1978 y 1983) terminé creyendo que las enfermedades, sobre todo las crónicas, eran entidades estáticas que no se modificaban a lo largo del tiempo. Salvo que la evolución propia de una enfermedad fuera así, las crónicas permanecerían inamovibles, a menos que los médicos hiciéramos algo a través de nuestra terapéutica (clínica o quirúrgica). Por ejemplo, si llegaba al consultorio un paciente con diabetes tipo I, había que encontrar la cantidad de insulina que mantuviera equilibrado al paciente. Esto se hacía probando distintas cantidades diarias hasta que la persona se compensaba. Una vez hecho esto, sólo quedaba controlar al paciente periódicamente.

Lo mismo se podía decir frente al hipotiroidismo, la hipertensión, etc. Pero a medida que mi práctica clínica prosiguió, fui encontrando muchos pacientes que *rompían la lógica médica*, es decir que no cumplían el concepto de la "enfermedad estática". Ellos presentaban evoluciones en su enfermedad que eran, desde el punto de vista médico, ilógicas o imposibles, científicamente hablando.

Veamos un caso real:

Un paciente de 47 años, diabético insulino-dependiente desde los 8, trabaja como fotógrafo artístico y realizador audiovisual. Cada vez que hace una producción fotográfica que le produce intenso placer, tiene episodios de hipoglucemias severas (disminución de la glucemia en sangre) que requieren altas ingestas de azúcar para compensarse. Este caso es imposible desde la visión médica. Una persona diabética insulino-dependiente con una evolución de 40 años depende exclusivamente de la insulina que se inyecta. Si este señor ya lleva años regulando su propia glucemia a través de la insulina, sabe de memoria cuánto inyectarse. Pero en casos donde siente intenso placer, ¡aparece hipoglucemia!

Esa hipoglucemia (disminución de glucosa en sangre) es debida a la presencia de insulina. Pero esa insulina, ¿de dónde salió? Desde el punto de vista médico, este fenómeno no tiene explicación.

Miremos entonces esto mismo desde el punto de vista integral (holístico). El páncreas es una glándula que produce dos hormonas que están involucradas en el metabolismo de la glucosa: la insulina y el glucagon. La insulina es la encargada (entre otras funciones) de hacer que la glucosa ingrese a la célula. Si falta insulina, la glucosa no entra a la célula aunque haya toneladas de glucosa disueltas en sangre. Por esta razón hay autores médicos que definen a la diabetes como el "hambre celular en medio de la abundancia".

Fisiológicamente, el páncreas tiene dos funciones: la primera es endócrina, produciendo insulina y glucagon, con la influencia en el metabolismo de la glucosa (además de otras) que ya comentamos; la otra función es la exocrina, produciendo enzimas digestivas.

Volviendo a la visión holística, podemos decir lo siguiente sobre la glucosa: la dulzura siempre estuvo relacionada con el amor.

¡A nadie se le ocurre regalarle a su novia un kilo de tomates o papas fritas! A la novia se le llevan bombones, alguna golosina o alguna flor, pero nunca algo salado o picante, porque eso no representa al amor ni está asociado a él. Por lo tanto, podemos decir que cualquier dificultad con el amor puede tener que ver con algún problema en el páncreas. Hay personas que no expresan el amor que sienten por los demás; otros piensan que los demás no los quieren lo suficiente; otros están llenos de amor alrededor y, aunque parezca increíble, no lo dejan ingresar en sus vidas, no se permiten recibir ese amor; otros, lo más habitual, no se quieren a sí mismos y se castigan todo el tiempo. Como podemos ver, existen muchas variantes en esto de las dificultades para manifestar el amor...

Además de la relación con el amor, el azúcar siempre se utilizó para contrarrestar el gusto amargo o el ácido. Cualquier cocinero sabe que si una salsa está muy ácida hay que utilizar azúcar para neutralizar eso. Y en cuanto al gusto amargo, se cae de maduro contrarrestarlo con azúcar. ¡Nadie le echa sal al café! Lo interesante es que, como ya vimos una y otra vez, el resto de los cuerpos que componen al ser humano están involucrados por analogía y, por ende, aumentaremos la glucemia si sentimos algo amargo emocional o mentalmente. No olvidemos que el cuerpo no distingue entre algo amargo físico y algo amargo emocional o mental. Si se piensa en la palabra "amargura", entonces aumentará la glucosa en sangre (como echarle azúcar al café).

Lo mismo si hay algún acontecimiento estresante. Una médica diabetóloga me comentó hace poco la relación entre el estrés y las descompensaciones en sus pacientes diabéticos. Por supuesto que no me resultó nada extraño, teniendo en cuenta todo lo que hemos explicado ya.

En el caso de mi paciente diabético, es fácil comprender que un acontecimiento que le produce intenso placer hace el efecto contrario que un suceso amargo, es decir que la glucosa va a disminuir en sangre en vez de aumentar, y es lo que efectivamente le sucede a mi paciente cada vez que disfruta manera intensa. Aunque lo que ocurre no tiene una explicación científica, podemos entenderlo holísticamente como un indicador del proceso dinámico de la dupla *disfrute/no disfrute.*

Por lo tanto, tenemos aquí un claro ejemplo de un *indicador preciso* de su estado interior en cuanto a la calidad del disfrute en su vida. Sus niveles de glucosa no sólo indican una cantidad bioquímicamente detectable de un combustible celular, sino que además representan cuánto está disfrutando (o no) en su vida. Si no disfruta –lo más frecuente en este caso–, aumentará la glucosa y requerirá mayor cantidad de insulina. Si disfruta, sucederá lo contrario: disminuirá la glucosa y no requerirá insulina.

Tenemos aquí un ejemplo muy claro de la evolución dinámica de la enfermedad, que implica algo mucho más profundo que lo simplemente médico y bioquímico: ¡estamos frente a una enfermedad que le marca a este paciente a cada instante si está conectado (o no) con su disfrute!

Prestar atención a una enfermedad crónica con este enfoque le otorga también un inmenso valor, ya que se convierte en un detector de alguna cualidad que nosotros no tenemos muy en claro y que magnifica con todo detalle sus más mínimas variaciones en nuestro interior.

Ya vimos cómo se gestaba una fricción en algún cuerpo sutil, y cómo esta podía precipitar hasta el plano físico. En ese caso, lo que tenemos que entender es que si conseguimos detectar ese punto de fricción y corregirlo en nuestra personalidad, ¡entonces la enfermedad física no tendrá más sustento y se apagará o se reducirá a su mínima expresión!

El valor que cobra una enfermedad cuando colocamos toda nuestra conciencia en ella es inmenso, ya que nos otorga la posibilidad de asumir la responsabilidad sobre ella, y al mismo tiempo nos brinda un recurso para modular su gravedad o incluso para alcanzar la sanación si esta es aún posible.

Acabamos de ver un ejemplo de una enfermedad crónica. Pero, ¿qué pasa con las recurrentes? Hay enfermedades que, una vez tratadas, vuelven una y otra vez.

Ejemplos de esto pueden ser un simple dolor, una cistitis, una micosis, etc.

Una paciente que asiste a mi consultorio sufre de gastritis crónica desde hace quince años. Cuando viaja de vacaciones no tiene un solo síntoma gástrico. Apenas pone un pie de regreso, reaparece su cuadro clínico.

Para comprender este caso, tenemos que ver cuál es la función del estómago. Sabemos que tiene la función de "masticar", con el ácido que produce, todo aquello que no fue desmenuzado adecuadamente en la boca. Somos muchos en nuestra cultura occidental los que tenemos inhibida o directamente reprimida la agresión, y también se sabe (ver el libro *Del cuerpo al espíritu*) que, al igual que un león o un tigre, nuestro aparato agresor está constituido por los dientes y las uñas. Si inhibimos la agresión, entonces no masticaremos, y tragaremos la comida casi como entró en la boca, con las mordidas mínimas como para que se pueda tragar ese bocado.

De este modo, es el estómago quien tiene el doble o el triple de trabajo al tener que "masticar" esa comida que no se desmenuzó adecuadamente en la boca.

Pero como el estómago no tiene dientes, sólo lo puede hacer con el ácido gástrico, aumentando su producción o haciendo que la comida permanezca más tiempo en su interior. Este proceso acaba produciendo irritación en la mucosa gástrica con la consiguiente gastritis.

Otra de las causas que pueden producir gastritis es que haya algo en nuestra vida que no podamos "digerir". Un engaño amoroso, una estafa, un jefe que nos maltrata en el trabajo o cualquier cosa que vivamos como "indigerible" puede terminar produciendo gastritis. Ya explicamos que nuestro cuerpo es textual y que aquello que pensemos es tomado por cualquier célula orgánica como una orden y como esencialmente verdadero. Por lo tanto, si pensamos algo que nos ocurre en la vida como indigerible, entonces nuestro estómago intentará digerirlo (aunque no sea algo físico) aumentando la producción de ácido y generando una gastritis.

En el caso de mi paciente, es una persona que tiene un esposo que ya no soporta, pero que mantiene por conveniencia social y económica. Aunque parezca increíble, en muchas situaciones de todos los días ella utiliza términos lingüísticos digestivos como "me da náuseas", "no me puedo tragar eso", etc.

En época de vacaciones o viajes, esta situación desagradable cotidiana se diluye un poco, y las circunstancias del paseo mismo hacen que ella se olvide algo de lo que la abruma todos los días. De esa manera, mi paciente no tiene un solo síntoma de gastritis mientras duran sus viajes. Come cualquier cosa y ni se acuerda de que tiene estómago; consume alcohol sin el menor problema, etc. Así transcurren sus vacaciones hasta que vuelve a Buenos Aires, que es donde regresa a la vida común. A los pocos días... la gastritis asoma nuevamente con malestares, acidez intensa, etc.

En mi consultorio exploramos su gastritis con algunas de las técnicas que explico en este libro hasta que ella se dio cuenta de todo el mecanismo...

¿Y qué hizo cuando se dio cuenta de todo? Eligió no cambiar nada, seguir casada disfrutando de todas las ventajas sociales y económicas de esa situación ¡y seguir tomando antiácidos cuando la gastritis gritara demasiado fuerte! Vimos juntos que la manera de sanar su situación era divorciarse de su esposo, algo que no estaba dispuesta a hacer por ahora. Pero el precio que pagaría por eso era el de su gastritis, que reflejaba corporalmente esta parte indigerible de su vida.

Tomó la decisión, sabiendo que estaba dispuesta a pagar ese precio por mantener la situación. ¿Esto está bien? ¿Esto está mal? No está ni bien ni mal. Lo único importante es llegar a tener una conciencia plena de cuál es la situación y tomar una decisión al respecto, asumiendo la responsabilidad de tal elección.

Otra vez aquí, la mirada holística nos brinda una ayuda extraordinaria. Saber que la enfermedad no es un castigo del Dios, una burla cruel del destino o la expresión de la mala suerte se convierte en algo muy liberador, y nos devuelve el poder de tomar decisiones y hacernos cargo de las consecuencias. El caso de mi paciente, que eligió seguir casada, no es mejor ni peor que el del estudiante que elige tener notas mediocres pudiendo tener las mejores del curso, el del alcohólico que no acude a pedir ayuda o el maltratador familiar que no asiste a su terapia. Son elecciones individuales que tienen consecuencias posteriores, nada más ni nada menos que eso.

Si consideramos a las enfermedades crónicas como entidades (también las recurrentes) que tienen su origen en disfunciones, desajustes o fricciones de los cuerpos sutiles (emocional y mental, o alguno de estos con el espiritual) que precipitan hasta el cuerpo físico, podremos entender que *la enfermedad es un efecto* y no una causa. En ese caso el cuerpo físico está manejado por fuerzas muy superiores a él mismo. De tal manera, cualquier variación en los cuerpos sutiles también producirá una variación en el cuerpo físico y por ende en su enfermedad.

Cuando podemos desentrañar el origen sutil de cualquier enfermedad crónica, viene el verdadero desafío posterior, que es producir un cambio interno que cure la situación que generó la enfermedad (si todavía es posible, como veremos más adelante). La verdadera tarea que yo he visto a lo largo de tantos años como médico holístico con mis pacientes, es lograr la conciencia del desorden sutil en su interior y producir los cambios necesarios para su sanación, siempre y cuando la persona implicada tome dicha decisión voluntaria y responsablemente.

Sanación y curación

Cuando hablo de *sanación*, me refiero a la reparación de la causa sutil que ha precipitado en el cuerpo físico la enfermedad. Por eso distingo las palabras *sanación* y *curación* como ligeramente distintas.

Según el diccionario, *sanar* es recobrar la salud. Hay un aspecto sutil que se ha "desafinado" y está generando una energía desordenada en aquella frecuencia física que tenga relación con lo sutil. Si corregimos este desorden, podemos decir que ha habido sanación.

La palabra *curar*, en cambio, proviene del latín y significa "cuidar". Por eso se curan (se cuidan) las enfermedades. Por esto también se cuida el rebaño espiritual, como dicen los católicos, y por eso al sacerdote se lo llama "cura". Otras cosas se curan, como las carnes (con sal), las pieles para uso industrial, etc.

Si tomamos estos dos términos veremos que hay cuatro combinaciones posibles entre los dos:

1. Curación con sanación
2. Curación sin sanación
3. No curación con sanación
4. No curación sin sanación

1. Curación con sanación

Es el caso ideal, donde la persona sana la fricción en los cuerpos sutiles y consigue también la curación física.

Caso de sinusitis crónica

Tuve un paciente que me vino a ver con una sinusitis purulenta crónica de veinte años de evolución. Cuando trabajamos su enfermedad, vimos que en esa enfermedad él sentía que cargaba el mundo sobre sus espaldas. Cuando se dio cuenta, comenzó a reparar la situación y no hacerse más cargo de lo que no le correspondía. Al poco tiempo su sinusitis desapareció hasta la actualidad.

2. Curación sin sanación

Este es el típico caso de las recurrencias en las enfermedades.

Caso de esclerosis múltiple

Una paciente que padece esclerosis múltiple desde hace años sufre crisis agudas cada vez que tiene ataques de nervios. Ella posee una personalidad extremadamente nerviosa, por lo que es muy fácil que "pierda los estribos" y comience a gritar o se enoje fuertemente con su familia o con cualquier persona. Cada vez que tiene algún ataque de nervios, en uno o dos días a más tardar sufre una agravación de su enfermedad de base. Con el tratamiento adecuado, se estabiliza, pero en cuanto vuelve a tener un ataque de nervios, a los dos días sus nervios físicos también se descompensan.

Aquí tenemos un claro ejemplo de curación (o alivio) físico sin sanación, porque ella no aprende a manejar de otra manera su emocionalidad. Le he insistido innumerables veces en el consultorio sobre este fenómeno de relación directa entre sus "nervios" emocionales y los nervios físicos, y ella lo acepta, pero al día de hoy no ha conseguido eliminar o atemperar estos ataques. Se cura sus agravaciones, pero no sana su respuesta emocional exagerada, por lo que no hay sanación sutil.

3. No curación con sanación

En los años noventa trabajé muchísimo con grupos de autoayuda para enfermos de sida en La esquina de las flores, restaurant naturista de Buenos Aires con escuela de cocina natural y una enorme red de servicio espiritual que su dueña, Angela Bianculli de Rodríguez, mantiene incansablemente hasta la actualidad.

Caso de sida

Me tocó trabajar con una chica de 27 años, a quien acompañé a morir y que, pocos días antes de su muerte, me dijo: "mi vida antes del diagnóstico del sida era un descontrol total; me drogaba, tenía sexo por drogas, robaba, dormía en la calle, etc. Desde que ingresé al grupo de autoayuda, me cuido en lo que como, no me drogué más, tengo una pareja hermosa, y estoy en paz. Gracias al sida me sané". Ella no se curó y falleció, pero con orden en su vida y mucha paz en su interior. Logró la sanación, pero no consiguió la curación (en esa época apenas salía experimentalmente la primera droga antirretroviral AZT) y la terminé acompañando en su proceso de desencarnar. No se curó físicamente porque no teníamos en ese momento las herramientas terapéuticas adecuadas, pero murió sana, sin arrastrar hacia su siguiente encarnación lo que podría no haber aprendido en esta.

4. No curación sin sanación

Estos son los casos donde las personas no se curan ni cambian nada de su interior, es decir que no aprenden lo que deberían haber aprendido.

Caso de depresión

Tuve un caso de un paciente con depresión profunda que vino obligado por su esposa a mi consultorio. Al mismo tiempo estaba tratado con medicación psiquiátrica y con psicoterapia tres veces por semana. Yo lo traté con acupuntura y con homeopatía, pero él era refractario a toda terapéutica. Venía dócilmente, se dejaba colocar las agujas, tomaba la medicación, pero no hacía nada para modificar en algo su estado. Finalmente, acabó suicidándose pocos meses después de iniciar su tratamiento. No pudo curarse ni tampoco, obviamente, alcanzar la sanación.

La alimentación de la enfermedad

Hasta aquí hemos visto varios ejemplos de cómo una determinada cualidad, cuando está desequilibrada por falta o por exceso, puede generar un problema físico que persistirá gracias a ese mismo desequilibrio, que lo sostiene de la misma manera que una raíz sostiene a una planta.

Lo que resulta muy interesante de ver es que cada vez que esta cualidad se utiliza mal, la enfermedad se agrava, mientras que si esta cualidad se empieza a cuidar (curar) y estamos conscientes del buen uso de ella, la enfermedad retrocede, porque deja de "alimentarse" de la cualidad.

CUALIDAD MAL UTILIZADA = AGRAVACIÓN
CUALIDAD EQUILIBRADA = SANACIÓN

Este concepto es sumamente valioso, porque si entendemos que muchas veces somos nosotros mismos quienes mantenemos a nuestra enfermedad fuerte y vital a través de la expresión "desafinada" de alguna cualidad colocada en ella, también podemos ser nosotros quienes dejemos de nutrir esta enfermedad, equilibrando la expresión de esa cualidad hasta llevarla a un rango adecuado.

Alimentar o no alimentar a nuestra enfermedad nos devuelve el poder y la responsabilidad de mejorar nuestra salud, al mismo tiempo que enriquecemos nuestra calidad humana en alguno de sus múltiples componentes.

Lo veo en mi consultorio todos los días. Cuando, por ejemplo, hay un caso de alergia y ese paciente aprende que se debe al uso desviado de su agresión, entonces él ya sabe que si actúa de manera agresiva (por más o por menos), en algún momento, dos o tres días después tendrá una crisis de alergia por cualquier motivo. Él sabe que la causa de su alergia *en primer lugar* es el polen, pero que hay algo mucho más sutil que polen flotando en el aire, y es su agresión mal expresada. De esta manera, cuando las personas están pendientes de esta conducta y la cuidan, entonces dejarán de "alimentar" a la alergia y esta se debilitará hasta desaparecer o quedar reducida a su mínima expresión.

Reconocer que podemos hacer mucho por nosotros mismos cuando aplicamos nuestra conciencia a un problema físico nos coloca en un lugar distinto con respecto al problema. Cuando simplemente sufrimos la enfermedad, estamos colocados en una posición totalmente pasiva y, "mientras a ella no se le ocurra retroceder por sí sola", estaremos a su merced o esperando algún milagro o sanación especial.

Cuando miramos la enfermedad con un poco más de profundidad, podremos distinguir que *nosotros tenemos la herramienta de la conciencia y la responsabilidad de nuestra forma de vivir la vida para modificarla a voluntad*, y así poder modular la evolución de nuestra dolencia justamente como producto de ese cambio.

La capacidad de ser conscientes de cómo vivimos nuestra vida es la que nos saca de la posición pasiva que hablábamos antes y nos ubica en otra situación completamente distinta, ya que ahora asumimos un rol activo en nuestra forma de vivir. Y es justamente ese cambio de rol, de víctima a protagonista, lo que le otorga a esta actitud su inmenso poder.

En el gráfico de la página 178 podemos observar el rango adecuado de expresión de una cualidad y los dos tipos de distorsiones, en más y en menos. Mientras uno se mantenga en la zona media habrá salud, pero si sale de la zona adecuada, habrá fricción, y sabemos que si precipita hasta el cuerpo físico generará enfermedad funcional o estructural.

Esta enfermedad, de acuerdo al grado de alejamiento de la zona adecuada de expresión, es decir cuanto más se aleja del rango normal, será más o menos severa. Por eso hay una graduación en ambas zonas distorsionadas que va aumentando a medida que se aleja de la zona normal.

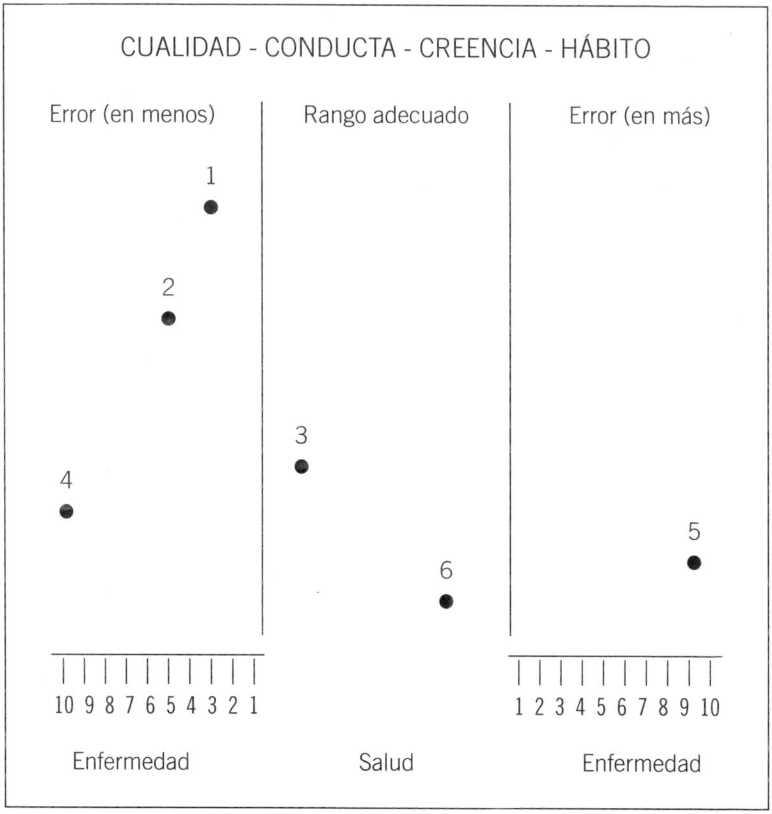

La enfermedad alimentada.

En la parte del gráfico correspondiente a "Error (en menos)", esta graduación parece estar al revés, pero en realidad, cuanto más se aleja del rango adecuado es hacia la izquierda, por lo que la graduación aumenta de derecha a izquierda. En cambio, en la zona del "Error (en más)", la graduación de gravedad de la enfermedad sí aumenta de izquierda a derecha, porque cumple el mismo criterio, es decir cuanto más se aleja de la zona de expresión adecuada, más grave será la enfermedad.

En el **punto 1** se puede ver una desviación en menos de una cualidad que genera en el cuerpo físico una enfermedad de nivel 3 (entre 1 y 10 de gravedad). Si se continúa expresando esa cualidad de manera distorsionada, la enfermedad puede agravar, como en el caso del **punto 2**, que tiene una gravedad entre 5 y 6. Pero supongamos que tomamos conciencia y corregimos la expresión de esa cualidad. Entonces podemos entrar en el rango adecuado de expresión y lograr la salud, como se ve en el **punto 3**. Sin embargo, puede acontecer que en algún momento se vuelva a expresar esta cualidad de manera muy inadecuada en menos y llegue al **punto 4**, originando una recidiva (regreso) de la enfermedad.

Otro fenómeno que se ve muchas veces es que, cuando procuramos corregir la expresión inadecuada de una cualidad, por ejemplo en menos como es el caso de la figura, no nos detenemos en la zona apropiada y saludable sino que nos dirigimos hacia el otro lado, caemos en el otro extremo. Entonces, podemos terminar ubicados en el **punto 5**, que es una expresión inadecuada, pero esta vez por exceso, y que también agravará la enfermedad.

¿Quién no conoce alguna de esas personas que jamás se enojan, jamás discuten, jamás dicen algo que pueda ofender a otros pero que de golpe pierden el control y destrozan toda una casa o se pelean con toda la familia? ¿Quién no conoce al tímido que luego de una botella de cerveza es el "payaso del grupo"? Estos casos son tan comunes que está de más cualquier agregado a lo que ya conocemos.

Se puede ir de un extremo al otro en nuestra conducta. En realidad, si observamos la conducta de la gente veremos que eso es lo más habitual. Al cambiar una distorsión de la expresión de una cualidad, es excepcional el hecho de quedar directamente en la zona adecuada. Lo corriente es pasarse de largo y caer en la distorsión opuesta, para luego volver a corregir y quedar otra vez en la otra distorsión, y así sucesivamente, como si nuestra conducta fuera un péndulo que va de un lado al otro, pero que lentamente detiene su marcha oscilante hasta quedar en el centro, que sería el **punto 6**. Así es como vamos adecuando nuestras tendencias: oscilando de un lado al otro. Al principio esa oscilación será de gran magnitud, pero con el tiempo va disminuyendo de amplitud hasta que terminamos balanceándonos dentro del rango de expresión adecuado de esa cualidad.

La enfermedad multicausal

Hasta aquí hemos desarrollado la explicación de las enfermedades que son *monocausales*, es decir aquellas generadas por una sola cualidad, conducta o creencia distorsionadas... Pero la vida no siempre es tan simple. Muchas veces nos encontraremos con problemas que no tienen una sola causa, sino que están ocasionados por varias que concurren y accionan sinérgicamente hasta lograr un resultado final, como por ejemplo una enfermedad grave.

En mi práctica clínica he encontrado que las enfermedades severas tales como el cáncer, las autoinmunes, la neurológicas y otras son provocadas por múltiples causas sutiles, casi nunca por una sola. De todo esto me iré explayando más en el capítulo de la exploración por analogía, ya que es la técnica por excelencia en detectar múltiples cualidades distorsionadas que confluyen en una sola patología.

De cualquier manera, basta decir aquí que cuando estamos frente a varias cualidades que no se expresan en su rango adecuado, deberemos explorar una por una y luego iniciar el trabajo de corregir la expresión de cada una de ellas. De esta forma, podremos modular la evolución de la enfermedad, aunque sea muy severa.

El trabajo no es fácil, pero tampoco imposible.

Además, ¿qué otra cosa tenemos que hacer en cada instante de nuestra vida más que pretender ser mejores en algún aspecto que nos integra y que nos hace humanos?

CAPÍTULO 12

La exploración con metáforas

Puede suceder que hayamos realizado todos los ejercicios anteriores para explorar la causa existencial de la enfermedad y no hayamos llegado a ninguna respuesta razonable o que nos impacte. Ya explicamos que esto es posible y que, si no hallamos una respuesta adecuada, deberemos continuar la búsqueda hasta encontrarla.

Resulta muy característico el hecho de que cada paciente, al pensar en su enfermedad o al conectarse con ella en su interior, descubra que la dolencia posee ciertas cualidades psicológicas que le pertenecen. No hay dos perfiles iguales de enfermedades. Cada dolencia posee cualidades en una persona que no posee en otra.

Algunos asignan a su enfermedad las cualidades de traicionera, peligrosa y sigilosa, mientras que otras, a la misma enfermedad, le asignan las cualidades de ferocidad, rigidez e intransigencia.

¿Pero es la misma enfermedad?

Sí que lo es.

¿Entonces por qué tiene cualidades tan diferentes en dos personas distintas?

Justamente porque son dos personas distintas, y por lo tanto tienen cosas distintas que vivir y aprender, aunque compartan el mismo tipo de enfermedad.

Cuando aprendí psicoterapia gestáltico-transpersonal con Mabel Allerand, ella nos enseñó, entre tantas cosas, un ejercicio de exploración de cualidades con analogías y metáforas. El curso en ese entonces (entre los años 1989 y 1991) constaba de tres años de estudios de una mañana semanal de cursada. La característica básica era que se trataba de un proyecto teórico-vivencial. No había ningún conocimiento que ingresara a nosotros simplemente por nuestro intelecto; había que vivirlo y pasar por la experiencia. Al finalizar esos tres años de entrenamiento vivencial, nosotros no éramos simplemente terapeutas que utilizaban la Gestalt como recurso, sino que nos habíamos transformado en una totalidad, en una Gestalt. En cualquier momento podíamos estar completamente presentes, con perfecto contacto de lo que pensábamos, sentíamos y actuábamos. Esto, como podemos ver, no es un don, sino que es simplemente el entrenamiento de una destreza.

La psicoterapia gestáltica se hizo famosa por acentuar conceptos que a partir de ese momento la identifican hasta ahora: "el Contacto", "el Aquí y ahora", "el Presente", "el Darse Cuenta"... todos conceptos que nos remiten, a todos aquellos que incursionamos en el campo psicoterapéutico, a pensar en Gestalt.

Pues bien, una mañana Mabel nos hizo vivir un ejercicio donde utilizábamos las analogías y las metáforas para definir a alguien. Consistía en que cada uno pensara en un personaje conocido (real o de ficción), y por turno, enunciáramos sus características sólo con analogías y metáforas de tal manera que los demás pudieran adivinar en quién estábamos pensando. Esto me resultó muy revelador ese día, y mucho más cuando me vi en el dilema de buscar distintas formas para que mis paciente tuvieran una clara idea de cómo era su enfermedad y la pudieran ver frente a frente.

Hacía poco que había terminado de cursar con Mabel, y vino un paciente con cáncer de colon. Cuando intenté que me contara cómo veía él a su cáncer, fue imposible. No había forma de que tuviera un perfil definido sobre su problema.

Entonces me acordé del ejercicio que Mabel nos había enseñado, y lo apliqué con este paciente. El resultado fue verdaderamente extraordinario porque en quince minutos él pudo describir, a través de analogías y metáforas cómo era su cáncer y qué características y cualidades lo hacían único.

Ya hablamos de lo que es la analogía en el capítulo 6, por lo que no me explayaré sobre ese tema ya. Si no se recuerda el concepto, sugiero repasarlo releyendo el capítulo.

Resulta muy difícil, con la excepción de personas entrenadas a tal efecto, poder tener una idea cabal de las cualidades de una enfermedad que padecemos.

A partir de ese día que acabo de contar, es de rutina que yo pregunte a mis pacientes cuál es el perfil de su enfermedad, es decir qué características tiene. Lo común es que me miren con una mueca extraña en sus caras y no sepan qué decirme. Entonces les explico: *las personas vemos a nuestra enfermedad como si fuera una persona, con ciertas características de personalidad únicas para esa enfermedad. ¿Cómo es la personalidad de la tuya?*

Y otra vez la cara de extrañeza...

Es en estos casos donde aplico el ejercicio de pensar en cualidades de su enfermedad *a través de las analogías y metáforas.*

Cuando exploremos una enfermedad e intentemos determinar su perfil psicológico, tendremos que hacer el siguiente ejercicio:

EJERCICIO 5

Exploración por analogías

1. Tome una hoja de papel y coloque en la parte superior:

   Si mi enfermedad fuera... un animal. ¿Qué animal sería? ¿Por qué? ¿Qué característica tiene el animal que mi enfermedad también tiene?

2. Formularse y responder las mismas preguntas con cada una de las siguientes variantes:

   Si mi enfermedad fuera...
   - un vegetal
   - un mineral
   - un paisaje
   - un color
   - una música
   - una película
   - un libro

En cada una de las variantes la consigna es la misma: pensar qué característica tiene el vegetal, mineral, paisaje, etc., que la enfermedad también tiene y anotarla.

Para tener en cuenta:

- Es importante saber que puede haber más de una cualidad por cada ejemplo.
- Las cualidades se pueden repetir.
- Puede agregar cualquier otro ítem a los ya citados si a usted le parece que falta.
- Puede agregar cualquier cualidad que le parezca que no se ha puesto en el perfil de su enfermedad.
- Una vez que terminó de escribir, tome la lista y elimine los objetos (animal vegetal, etc.) y mire sólo los adjetivos o cualidades.
- Tome otra hoja de papel y coloque la primera cualidad que apareció en la parte superior.
- Ahora pregúntese: "¿En qué rincón de mi ser tengo yo esta cualidad?".
- Concéntrese en esta cualidad y trate de verla con las mismas características que ya explicamos en los capítulos 8 y 9 ("Error por más y por menos" y "Los tres campos de exploración").
- Pregúntese qué acciones debería realizar para expresar esta cualidad de manera adecuada y armónica.
- Trace un plan para expresar esta cualidad de manera adecuada y armónica comenzando hoy mismo (para este trabajo también se puede consultar el capítulo 16, "La enfermedad desnutrida").

La explicación de este ejercicio y de esta forma de exploración es la siguiente:

Dijimos que al pensar en nuestra enfermedad, solemos asignarle cualidades, igual que si esta fuera una persona. Es como si la enfermedad tuviera personalidad propia...

También ocurre que las personas enfermas piensan en la enfermedad como algo externo a ellas, como si la enfermedad hubiera sido algo que ingresó a su cuerpo sin su permiso y que altera toda su vida.

Pues bien, el pensamiento que les propongo a mis pacientes es que esto no funciona de la manera que piensan, y que *la enfermedad provino desde adentro de sí mismos.*

Cuando le asignan estas cualidades, es importante que se den cuenta de que *no son cosas externas, sino que cada una de esas cualidades les pertenece y están colocadas dentro de la enfermedad.*

Este concepto es clave para comprender todo el potencial que nosotros disponemos al ocuparnos de nuestro interior y procurar modular la evolución de cualquier dolencia.

Cada cualidad que esté asignada a la propia enfermedad es algo que debemos tener presente en lo posible en todo momento y trabajar en pos de mantenerla en el rango correcto de expresión.

Cada vez que utilizamos una cualidad, una conducta o expresamos una creencia que está "colocada" en nuestra enfermedad, *la habremos alimentado y se agravará.* A la inversa, obviamente, ocurrirá lo contrario: si dejamos de expresar una conducta de manera inadecuada, dejaremos de alimentar nuestro problema, y la dolencia mejorará.

A veces resulta difícil comprender que nuestras propias conductas pueden agravar una enfermedad, pero lo veo todos los días en mi práctica médica holística. Muchos pacientes descubren que las cualidades que han colocado a su enfermedad son características de ellos mismos, y que la misma enfermedad se convierte así en un maestro que les marca el camino del autoconocimiento.

La diferencia aquí es que no sólo basta con descubrirlo, sino que *al mismo tiempo tiene que suceder el cambio de conducta*, porque eso es lo que marcará el cambio en la evolución de la enfermedad, y no simplemente el trabajo intelectual de esclarecer su causa holística.

Más aún, es sorprendente descubrir que muchos de ellos, al enfermarse, notaron cambios en su conducta que "casualmente" durante el trabajo descubrieron como sanadores. Esto resultó por demás llamativo para ellos, porque intuitivamente ya habían comenzado el cambio que los podía sanar, o por lo menos podía mejorar sustancialmente la evolución.

Veamos algunos casos que pueden ilustrar esto.

Caso de linfoma

Uno de mis pacientes recibió un diagnóstico de linfoma que, por sus características, era de excelente pronóstico. No fue así. Tuvo recidivas, y luego intentaron un trasplante de médula ósea que también fracasó. Recién ahí comenzó a explorar de una manera más profunda su problema, porque esa evolución rompía con la lógica médica: tenía que estar "curado" y en realidad estaba peor.

Cuando comenzamos a trabajar con las cualidades inherentes a su linfoma, descubrimos que era "demasiado fuerte". Bueno, con ese dato revisamos su forma de comportarse, y me contó entre otras cosas que jamás faltó a su trabajo. Su lema era "querer ser fuerte siempre". La indicación para corregir este uso inadecuado de sus fuerzas fue nada menos que utilizarlas de forma adecuada: si se sentía cansado, descansar; si se sentía con fuerzas, trabajar. Luego me contó que, a partir del diagnóstico, él comenzó a darse permiso para decir que no se sentía bien y se quedaba en su casa para recuperarse de la quimioterapia si así lo sentía.

¡Impresionante, espontáneamente ya estaba corrigiendo los

hábitos que lo enfermaban! Pero este sorprendente caso no termina aquí.
También detectamos la cualidad de "rústico" en su linfoma. Según el diccionario, *rústico* es todo lo relativo al campo. Pues bien, para él, el contacto con lo natural era sencillamente imprescindible. El problema fue que por su profesión tuvo que estar casi diez años… ¡viviendo en el centro de una ciudad! Lo soportó, pero cada fin de semana salía corriendo en busca de césped, árboles y aire libre. Ahora, con su diagnóstico, volvió a vivir en la zona de las afueras de esa ciudad, en contacto con lo natural. En esta parte del caso, la rusticidad que tenía colocada en su linfoma era un error por menos, es decir que le "faltaba campo", algo que para él era imprescindible en su vida. También lo corrigió sin ser consciente de la importancia del tema para su salud.
Cuando comenzamos a mirar los problemas físicos de las personas con una visión que va un poco más allá de lo evidente, nos encontramos todo el tiempo con este tipo de conductas que espontáneamente resultan sanadoras. La gente no sabe muy bien por qué está haciendo esos cambios de conducta, pero los hace igual y les hace bien (¡no saben cuánto bien!).

Caso de cáncer de vejiga

Una mujer me consultó, hace más de diez años, por un cáncer de vejiga. Explorando las cualidades "colocadas en su cáncer", la primera que apareció fue la del "rechazo".
Y cuando le pregunté por el rechazo, casi como reflejo me contestó que ella rechazaba a cualquier persona soberbia. Asimismo también me siguió contando que su esposo discriminaba a cierta gente…

En vista de ello, le expliqué lo que ya hemos visto largamente en este libro, que existen tres campos posibles donde una cualidad o conducta se pueden manifestar, que en su caso vivía el rechazo con su marido y que además lo manifestaba ella misma hacia los demás. El compromiso fue el de reflexionar mucho antes de rechazar a alguien, ¡y a su vez el de no aceptar ninguna forma de rechazo de nadie por ninguna causa!
En este caso aparecieron cinco cualidades más que estaban "metidas" en su cáncer. A cada una le asigné una tarea para que ella fuera equilibrando su manifestación, hasta lograr la ecuanimidad de todas.
Hasta el día de hoy, su cáncer no hizo ninguna manifestación clínica más, y se la consideró de alta oncológica luego de cinco años de la aparición y tratamiento.

Caso de cáncer de mama

Este caso es el de una mujer con un cáncer de mama rebelde al tratamiento y con un muy mal pronóstico oncológico. Al explorar las cualidades contenidas dentro del cáncer, ¡aparecieron más de diez!
Una de las más curiosas fue la de "avasallador". Y digo curioso porque ella es una persona sumamente tímida y apocada, que habla con un volumen de voz muy bajo y casi inaudible. Evita las miradas (mira mucho al piso) y jamás contesta cuando alguien la confronta. Se podría decir que es una mujer muy, muy, muy sumisa... Sin embargo, su cáncer era... ¡avasallador!
Nuevamente, aquí entra en juego el tema de los tres campos de exploración, porque ella, hacia el afuera, jamás avasalló a nadie. Sin embargo, el afuera para con ella sí que

lo hacía. Su esposo la descalificaba todo el tiempo; nunca llegó a la violencia física, pero sinceramente no hizo falta. Ella se pasó muchos años mortificada por esta relación. El trabajo en este caso no era fácil, porque demandaba un gran cambio en su vida. Pero luego de unos meses de trabajo terapéutico, ella dejó a su esposo y se fue a vivir con sus hermanas. Tres años después, sigue con su tratamiento oncológico (que no es nada fácil) pero ahora tiene otra actitud frente a la vida de cada día.

* * *

Este trabajo interno es uno de los que más satisfacciones me ha dado, y también el que más sorpresas me dio, porque las cualidades que aparecen pueden no estar relacionadas con nada de lo que parecería lógico ante una enfermedad dada.

Sin embargo, cuando la persona hace cambios en su vida (ver el capítulo "La enfermedad desnutrida" más adelante) puede verificarse que efectivamente la cualidad estaba "incorporada" en la dolencia, y en ese caso podremos decir que dimos en el clavo. Como soy científico, mientras no ocurran cambios, todo es simplemente una hipótesis que aún no fue verificada. Pero si los cambios ocurren, entonces sí podremos afirmar que las cualidades involucradas en la enfermedad debían ser moduladas hasta su rango normal.

CAPÍTULO 13

El dibujo de la enfermedad

Siguiendo con la explicación de las técnicas que nos ayudan a encontrar respuestas a los interrogantes que todos los pacientes se hacen sobre su enfermedad, nos concentraremos ahora en otra que me ha dado un sinfín de satisfacciones a lo largo de todos mis años de práctica médica. Me refiero al *dibujo de la propia enfermedad.*

Nuestra humanidad ha utilizado el dibujo desde tiempos inmemoriales. Se calcula que el hombre dibuja desde hace aproximadamente 20.000 años. Basta ver las pinturas rupestres para darnos cuenta de que el dibujo representa mucho más que algo interno. Es en sí mismo una forma de comunicación y de transmisión de cultura. De hecho, se considera a la pintura como el arte más antiguo, del cual derivan las demás actividades artísticas.

Lo interesante del dibujo en sí es que para hacerlo solemos utilizar la parte no lógica de nuestro cerebro. El hemisferio artístico es el derecho, que justamente es el hemisferio simbólico, que se maneja con representaciones y no con secuencias lógicas ni razonamientos. Podría decirse entonces que la expresión artística no requiere el uso de la razón, ni ninguna secuencia lógica.

Esto permite que podamos generar arte con casi cualquier elemento y representar la realidad de maneras exóticas y, si vale decirlo así, "desequilibradas" desde el punto de vista racional. Lo que hace valioso al arte en sí mismo es que, al no necesitar de la lógica, amplía las fronteras de expresión hasta límites casi infinitos. Sólo se detiene cuando la inspiración declina; mientras tanto, viajaremos locamente en un carrusel de genialidad creativa. Este hecho de no precisar muchas veces de una explicación racional o lógica hace que la expresión artística ingrese a nuestro campo de conciencia por sensaciones, por emociones o (muchísimo menos) a través de la mente racional. El arte se siente en el cuerpo, en la emoción y por último en la mente.

Por supuesto que hay estudiosos del arte, que aquel que sabe de arte puede llegar a comprender con mucha más profundidad una obra que alguien que no sabe nada del tema. Si esto no fuera así, los expertos en arte no tendrían razón de existir. Pero aun el hecho de ignorar todo sobre determinada corriente artística no nos excluye a la hora de sentir o percibir una obra.

Por todo lo anterior, cuando yo buscaba hace más de veintitrés años otras maneras de llegar al mundo interno de la persona que tenía frente a mí sufriendo alguna enfermedad, se me ocurrió pensar en la expresión artística como un modo no racional de comunicación.

Y era justamente esa característica de no ser racional lo que más me atraía para explorar dicho camino. En Occidente estamos saturados de "mente". Ejercemos un uso indiscriminado y abusivo de este recurso, que al final lo que consigue es confundir más y perder la idea central del pensamiento investigativo. Damos tantas vueltas sobre lo mismo, buscamos tantas razones que apoyen o que se opongan a un pensamiento determinado, que terminamos confundidos, mareados con tanto pensamiento que lo único que ha conseguido es alejarnos de la respuesta válida que tanto buscamos.

Avanzando con la idea de utilizar el arte como forma de exploración de la enfermedad, comencé a aplicar el dibujo por lo práctico y fácil de realizar. Basta con tener a mano una hoja en blanco, un lápiz negro, lápices de colores o crayones, y ya estamos en condiciones de expresarnos artísticamente. Probé trabajos con cerámica y también he tenido grandes resultados, pero es más específica para diagnóstico energético que para diagnóstico de la enfermedad actual. El dibujo provee mucha más información que la cerámica.

Desde mis comienzos en la utilización de dibujos para buscar el significado de la enfermedad, que fue allá por el año 1991, ya llevo guardados alrededor de 250 dibujos de enfermedades de muy diversa índole. En muchos casos, los resultados fueron sorprendentes por su rapidez y su precisión para identificar lo que ocurría en el interior de esa persona.

Otra ventaja de los dibujos es que no utilizo la interpretación clásica de la psicología. Más bien construimos con el paciente su significado. Yo trato de hablar lo menos posible, y a lo sumo le comparto mi sentir al ver el dibujo finalizado. Esto por lo general lleva a una conversación donde el paciente se da cuenta de algún detalle, o le evoca cierta imagen de su vida, etc. Nunca sé muy bien dónde ni cómo terminará esa exploración, pero son contados con los dedos de una mano los casos donde no sacamos nada en limpio utilizando esta técnica. La interpretación clásica psicológica de los dibujos la dejo para aquellos profesionales que se dedican a eso. Yo simplemente utilizo esta herramienta para ingresar de forma indirecta al mundo interno de mis pacientes.

En función de todo lo anterior, utilizo el dibujo en tres instancias...

1. Como diagnóstico del problema actual
2. Como parte del tratamiento
3. Como visión de futuro

1. El dibujo como diagnóstico del problema actual

Como ya expliqué antes, utilizo esta técnica de exploración como parte del proceso diagnóstico. He ido probando distintas consignas durante estos años, hasta que encontré aquella que me ha dado los resultados más evidentes.

En más del 90% de todos los casos donde exploré con el dibujo, las personas se excusan antes de comenzar diciendo que no saben dibujar o que lo hacen mal. Esto es importante conocerlo para no sorprenderse y por otro lado para no detenerse cuando alguien pone resistencias a esta forma de exploración.

EJERCICIO 6

Dibujo del problema

- Asuma internamente la mentalidad de un artista (piense, muévase y exprésese como tal).
- Sintiéndose como un artista, piense en su problema actual (sólo en uno).
- El problema puede ser físico, emocional o mental.
- Como artista, tómese el tiempo necesario para que este problema quede plasmado en una imagen, de tal manera que cualquier persona que lo vea diga: "ese es el problema de ..."

- Con la imagen en mente, dibújela y no se detenga hasta que termine.
- Una vez finalizado el dibujo, ya no podrá modificarlo.

Cuando esta imagen esté finalizada, lo que queda es entender entre los dos, terapeuta y paciente, qué es lo que el dibujo transmite a ambos, ya sea directa o indirectamente. En muchas ocasiones, la imagen es directa y contundente sobre lo que está pasando. En otras, es una impresión sensorial lo que nos da la pista.

Veamos algunos ejemplos de mi propia casuística que nos ilustrarán sobre esto que estamos comentando.

Caso de bulimia

Este es el dibujo de una paciente muy joven que presentó episodios de bulimia. Cuando le pedí que dibujara su problema, tomó un papel y crayones. Ella estudiaba arte, por lo que en menos de cinco minutos concluyó el dibujo.

Justo para ese entonces yo había finalizado un curso sobre armonización de los chakras con imposición de manos. Apenas vi el dibujo, me dediqué a armonizarle el chakra 3 (*Manipura* es su nombre sánscrito). Inicialmente, ella anduvo bien, pero a las dos semanas me contó que había vomitado de vuelta. En ese momento me di cuenta de que yo había cometido un error porque le armonizaba el chakra del plexo solar, pero no había prestado atención al "volcán" que dibujó internamente, ¡y que debía salir por algún lado! Fue entonces que le dije que tendría que hacer terapia especializada en trastornos de alimentación.

Luego de años de terapia, su problema llegó a un equilibrio que mantiene hasta el día de hoy, porque los trastornos de alimentación tienen esa característica: son muy difíciles de sanar y de mantener en equilibrio.

Bulimia.

Caso de anisometropía

En este caso, la paciente tenía una enorme diferencia de visión entre un ojo y otro. En medicina esto se llama anisometropía (an = no; iso = igual). Lo que descubrimos con el dibujo que realizó era que no sólo sus ojos tenían diferencias en su visión, sino que ella tenía todo dividido, como dos caras, dos personalidades, todo en ella era distinto de un lado y del otro. Por lo tanto, aquí el trabajo fue el de unificar las dualidades y polaridades, ya que nosotros somos eso: tenemos cualidades duales y vamos transitando de un lado al otro, tal como lo explicamos al principio del libro. El tema no es polarizar, sino tener conciencia plena de esa polaridad y elegir conscientemente aquello que queramos en cada instante de nuestra vida.

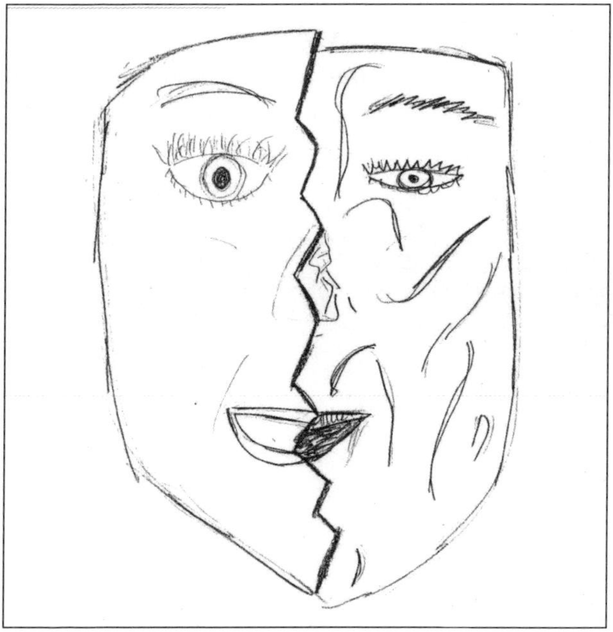

Anisometropía.

Casos de "vacíos" o "agujeros internos"

Es curioso que una misma imagen se repita en distintas personas. No es raro esto de encontrar ciertas anormalidades en al aura de un individuo, que se pueden detectar con elementos específicos (péndulo, varillas, aurameter; etc.) o simplemente se pueden ver (aquellas personas que poseen visión etérica). Uno de esos problemas es cuando se detecta un "agujero" en la integridad del aura. Para aquellos que no están en el tema energético, podríamos decir que el aura es al ser humano lo que la atmósfera es al planeta: una envoltura que provee protección y un microclima especial.

Las personas que presentan una fisura o falta de integridad en el aura suelen describir en el consultorio ciertas sensaciones de "vacío" que ubican específicamente en ciertas partes de su cuerpo.

Lo curioso, como veremos a continuación, es encontrar que distintas personas y con distintos problemas dibujen estos agujeros de manera tan parecida.

Caso 1: agujero en las entrañas

En este caso podemos ver este vacío ubicado en la zona del útero, en una mujer. Esta sensación la acompañó durante años, y ella sentía que ya formaba parte de su constitución. Desde el punto de vista clínico, ella presentaba varios miomas uterinos. Hubo que trabajar intensamente colocando toda la conciencia en esa zona durante mucho tiempo para procesar el conflicto central de su vida.

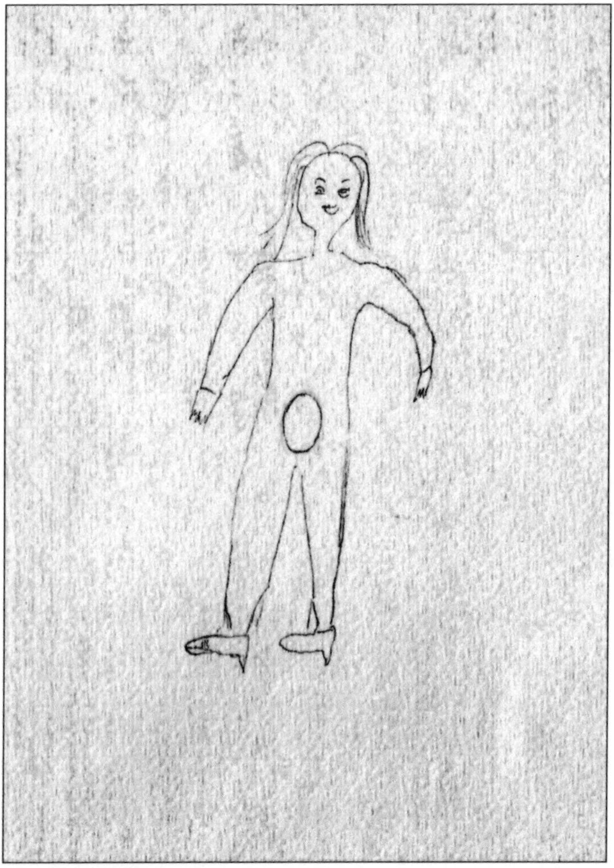

Agujero en las entrañas.

Caso 2: agujero en plexo solar

Esta mujer padecía de una gastritis crónica, y cuando le pedí hacer el dibujo de su enfermedad, lo planteó con toda claridad. Una sensación clarísima de una bola en la zona de la "boca del estómago", lo que nosotros conocemos como la zona del plexo solar. Si bien ella sentía orgánicamente una "bola", cuando lo dibujó, manifestó claramente que no era una bola lo que dibujó, sino un agujero en esa zona ("una zona vacía"). Para aquellos que manejamos el tema de la estructura energética humana, podemos entender esto en toda su dimensión, porque coincide la imagen con la ubicación del 3.er chakra, que tiene que ver con las emociones en general. Cualquier alteración en él provocará una alteración en el aparato digestivo, que corresponde a su zona de influencia.

Agujero en plexo solar.

Caso 3: agujero en el corazón

Tal vez sea esta una de las imágenes más comunes de escuchar lingüísticamente, porque muchas personas dicen que tienen un "agujero en el corazón" cuando pierden algún ser querido, ya sea por fallecimiento o por alejamiento en caso de ruptura de parejas o conflictos graves interpersonales (peleas entre amigos o parientes).

En este caso, una mujer consultó por la angustia que le generaba su ruptura de pareja, y lo dibujó de la manera que lo vemos en la figura siguiente.

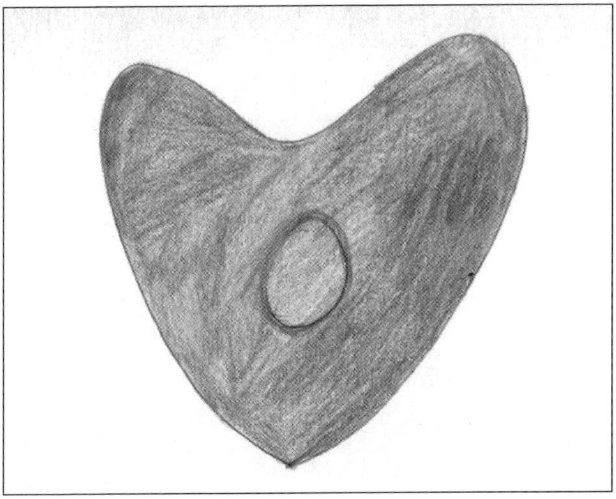

Agujero en el corazón.

Caso 4: agujero en el corazón II

Aquí también se trata de un agujero en el corazón, pero en este caso correspondía a un hombre que sentía *desamparo* desde su niñez. Esto es lo sorprendente de los dibujos. Cuando el paciente me planteó el tema del desamparo, yo, con mi mente racional, imaginé un niñito pequeño, solo, triste. Pero jamás hubiera pensado que alguien ilustrara su situación como un enorme vacío que ocupaba casi todo su pecho.

A pesar del tiempo transcurrido desde la primera vez que hice dibujar su problema a un paciente, me sigo sorprendiendo de las distintas formas en que son representados.

Agujero en el corazón II.

Caso severo de acné

No quisiera terminar esta parte de los dibujos como herramientas del diagnóstico sin antes exponer esta ilustración de un caso de acné severo que llegó a mi consultorio. Hasta ahora hemos visto imágenes que estaban relacionadas con el cuadro y que lo definían bastante bien, pero en este caso lo que veremos es una exposición del sentir más profundo de esta paciente.

Ella sufría tanto por el estado de su cara, que no quería que la vieran sin maquillaje; era un motivo de vergüenza y de "darle la espalda" a todo y a todos (como se ve en el dibujo). El acné se transformó en un monstruo que tenía frente a ella todo el día, que le impidía vivir plenamente y desarrollar todo su potencial, que era en verdad importante.

Epicteto, gran filósofo estoico, dijo una vez: "no tiene ninguna importancia lo que nos pasa, sino cómo vivimos nosotros eso que nos pasa".

Exactamente fue ese el enfoque que le planteé para provocar un cambio. El acné estaba ahí, y no sabíamos cómo iba a evolucionar. Lo que sí podíamos hacer era que fuera consciente de lo que sí estaba bajo su control: quitarle la significación que *ella le había asignado*, y a partir de ahí vivir la vida centrada y conectada con su carrera y su plan de futuro.

Ella comprendió rápidamente el eje central de mi planteo, y a partir de ahí se abocó a concentrar su conciencia en todas las cualidades que la hacían única y atractiva. Paradójicamente… ¡su acné mejoró!

Acné.

2. El dibujo como parte del tratamiento

La confección de dibujos no solamente sirve para ilustrar el diagnóstico de un problema, sino que también puede ser útil para visualizar su solución o tratamiento. Son muchas las ocasiones donde les pido a los pacientes que dibujen cómo ven la solución de sus problemas, y también aquí me llevo enormes sorpresas porque surgen caminos inesperados y creativos para salir de la situación de sufrimiento.

La consigna que utilizo es la siguiente:

EJERCICIO 7

Dibujo de la solución del problema

- Asuma internamente la mentalidad de un artista (piense, muévase y exprésese como tal).
- Sintiéndose como un artista, piense en su problema actual (sólo en uno).
- El problema puede ser físico, emocional o mental.
- Como artista, tómese el tiempo necesario para que la solución de este problema quede plasmada en una imagen, de tal manera que cualquier persona que lo vea, diga: "esa es la solución al problema de ...".
- Con la imagen en mente, dibújela y no se detenga hasta que la termine
- Una vez finalizado el dibujo, ya no podrá modificarlo.

Caso de osteosarcoma

La primera vez que utilicé el dibujo como herramienta del tratamiento fue en el año 1993, cuando vino una niña de 7 años con un problema de cáncer óseo maligno (osteosarcoma) en el fémur derecho. En casos de enfermedades graves, suelo usar el enfoque Simonton, que es un entrenamiento para utilizar la propia mente en la curación. Pero en una niña de 7 años, ¿cómo hacer para que visualice como un adulto? ¡Imposible!

Entonces se me ocurrió que dibujara su pierna enferma, su tratamiento y la pierna curada, tres veces por día.

Ella hacía algo parecido a un a tira cómica, pero sabiendo que era su propia pierna, su propio tratamiento y un final feliz de curación.

Una vez por semana venía al consultorio y me traía todos los dibujos (21 series de dibujos iguales), que yo controlaba, le ponía una "calificación" y la felicitaba.

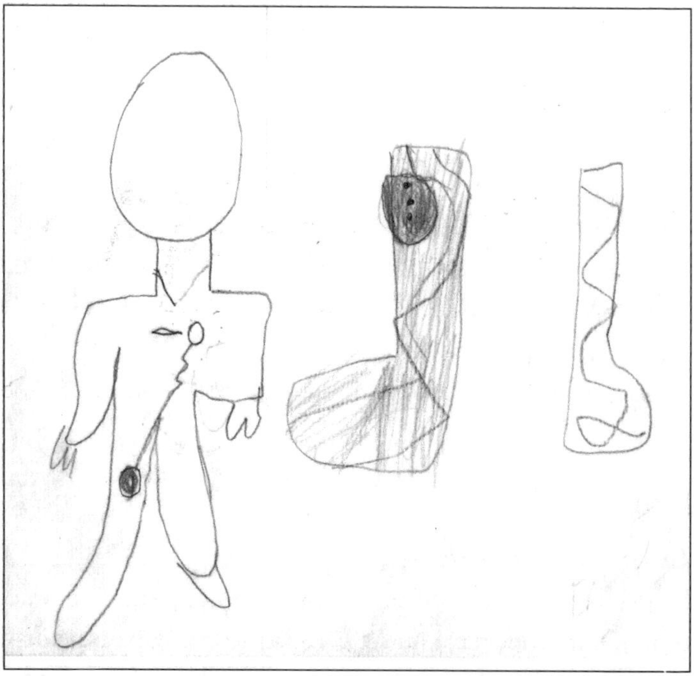

Osteosarcoma I.

Osteosarcoma II.

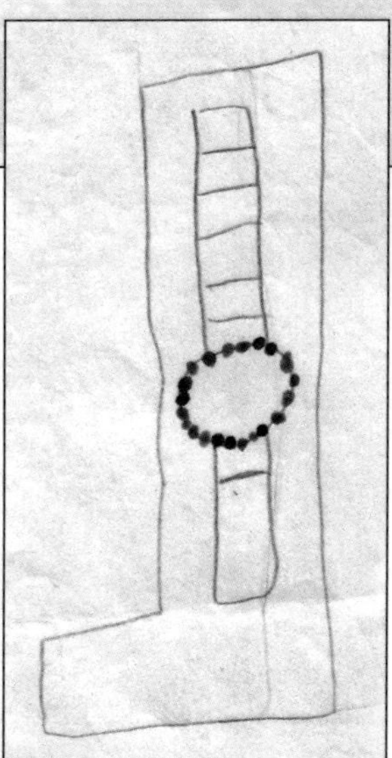

Osteosarcoma III.

Como estaba realizando un plan de quimioterapia muy agresivo, a veces le bajaba mucho el número de glóbulos blancos. Entonces yo le decía que tenía que dibujar todo el cuerpo lleno de leucocitos, y ella lo graficaba así...

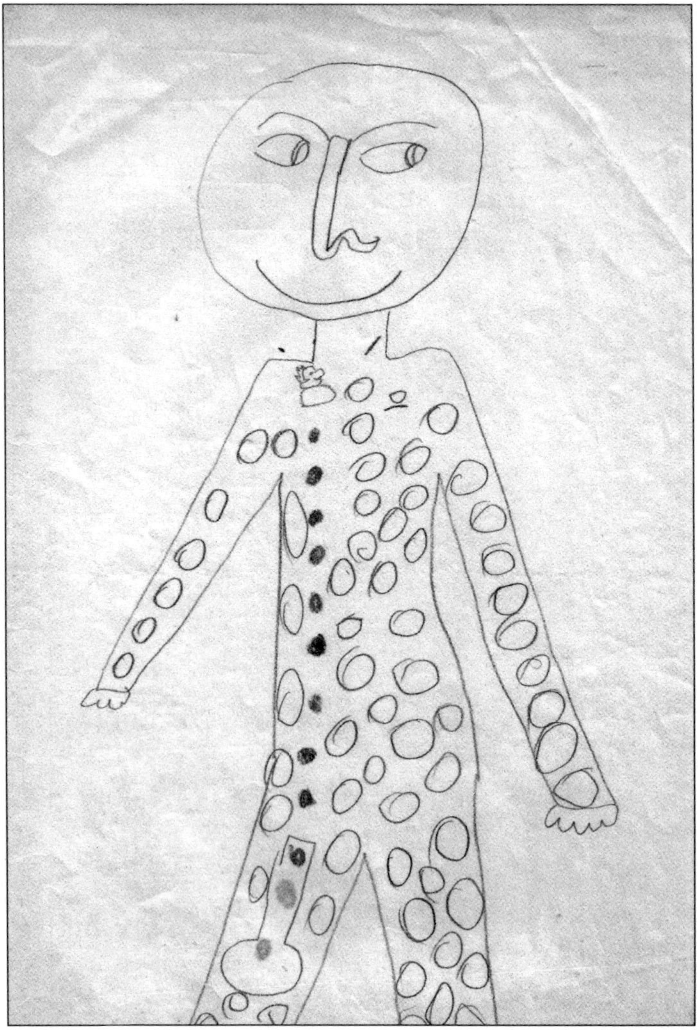

Osteosarcoma IV.

Seis meses después de la primera consulta la operaron, le sacaron el tercio inferior del fémur derecho y lo reemplazaron con un injerto óseo. Había que esperar que el fémur, al igual que una fractura, formara un callo óseo con el implante, por lo que le expliqué cómo era la osificación normal en las personas (osificación es la formación de hueso nuevo). Ella se hizo una imagen mental donde la osificación era algo parecido a construir una pared: cada ladrillo era una célula nueva en el hueso. Así dibujó por semanas esa formación del callo entre el fémur y el injerto…

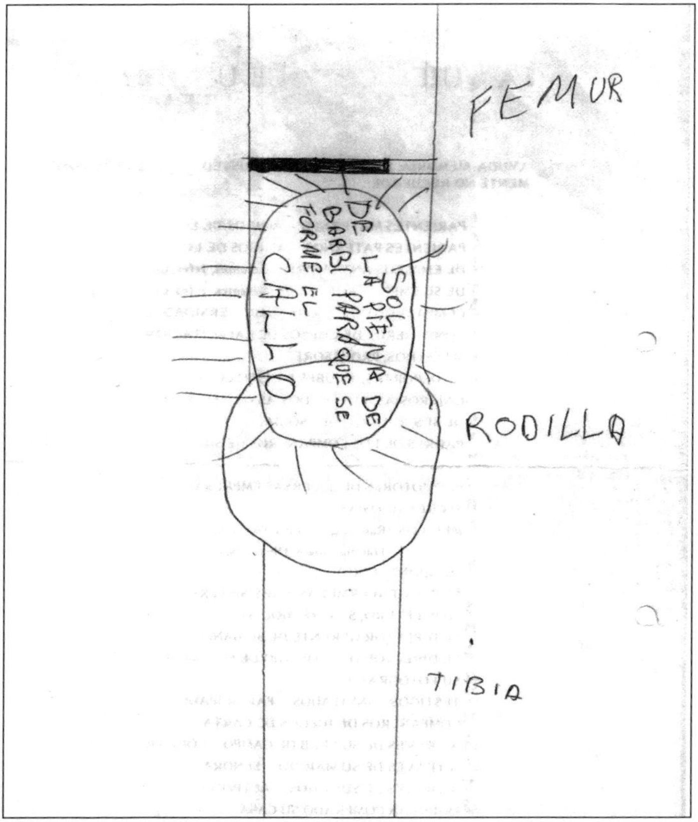

Osteosarcoma V.

De más está decir que el trabajo fue mucho más complejo que todo esto que estoy contando, y que incluyó años de terapia y cambios internos profundos.

Hoy, esa nena que tenía 7 años, ya es una mujer y está perfecta de salud, con una vida plena y llena de actividades y proyectos.

3. El dibujo como visión de futuro

Otra de las funciones de los dibujos es plasmar una imagen que sirva de guía hacia lo que *esperamos del futuro.* Esto no es nuevo, ya que en el Yoga mental (Raja Yoga) ya se menciona que la visualización tiene un poderoso efecto sobre nosotros.

Si estamos frente a una enfermedad o un conflicto psicológico, le pido al paciente que imagine cómo sería una imagen de sí mismo completamente sano o libre del problema.

Un hecho curioso es que muchas veces, cuando pido que dibujen las dos instancias (la enfermedad y la sanación) en el mismo momento, las personas no alcanzan a imaginar una situación de sanación; repiten ciertas características clave del problema y lo adornan con algo lindo, pero está claro que no representa la solución genuina. Por esta razón es que luego de muchas pruebas y errores a lo largo de los años, dejo transcurrir un tiempo entre el dibujo del problema y el de la solución del problema, que es cuando la persona ya puede llegar a visualizar o imaginar una solución.

EJERCICIO 8

Dibujo del problema solucionado

- Asuma internamente la mentalidad de un artista (piense, muévase y exprésese como tal).
- Sintiéndose como un artista, piense en su problema actual (sólo en uno).
- El problema puede ser físico, emocional o mental.
- Como artista, tómese el tiempo necesario para que este problema totalmente solucionado quede plasmado en una imagen, de tal manera que cualquier persona que lo vea, diga: "ese es el problema solucionado de ...".
- Con la imagen en mente, dibújela y no se detenga hasta que la termine.
- Una vez finalizado el dibujo, ya no podrá modificarlo.

Caso de escasez económica

Este paciente me consultó, entre otras cosas, por la angustia que le causaba su problema de escasez económica.

Para investigar cómo veía él ese aspecto de su vida, le pedí que creara una imagen.

Escasez económica.

Como este paciente en particular se destacaba por su lucidez y sus ganas de mejorar, no pasó ni medio minuto entre la finalización del dibujo y la toma de conciencia de lo que debía investigar en su mundo de creencias: esa "valla" que separaba la abundancia de su persona debía derribarse.

Después de elaborar el problema terapéuticamente un tiempo, realizó un nuevo dibujo, pero esta vez sobre la abundancia económica, que resultó el siguiente…

Abundacia económica.

Con él seguimos trabajando mucho tiempo en esta y en otras cosas que debían mejorarse en su vida. Al día de hoy, si bien quedan algunas cuestiones (como siempre en todos nosotros), ha alcanzado un nivel de madurez y claridad en su visión del mundo y de sí mismo que es de destacar. Lo que no ha cambiado aún es porque no quiere o no es su momento, pero no es por no darse cuenta de la situación.

* * *

Los dibujos que hemos analizado en este capítulo sirven como muestra de lo que se puede hacer cuando uno quiere explorar con sinceridad y coraje su propio interior. Existen múltiples maneras para ello, y por supuesto algunas son más sutiles que otras.

Para quien está entrenado para la exploración, tal vez esto de dibujar sea innecesario, pero para otras personas es útil encontrar atajos que consigan evadir los muy sutiles e intrincados vericuetos de nuestra mente.

CAPÍTULO 14

El diálogo con la enfermedad

A continuación veremos una técnica que utilizo hace más de veinte años y que también me ha dado muchísimas satisfacciones y sorpresas.

Ya mencioné mi aprendizaje teórico-vivencial de psicoterapia gestáltica en el capítulo del trabajo con analogías.

La terapia Gestalt es un enfoque psicoterapéutico nacido en la segunda mitad del siglo XX a partir de un médico psiquiatra llamado Fritz Perls (1893-1970). Nació en Alemania, pero huyó de los nazis y se estableció unos años en Sudáfrica para luego desembarcar en Estados Unidos hasta su muerte. El gran auge de la terapia Gestalt se da a partir de los años sesenta en la localidad de Esalen, California.

La Gestalt surgió inicialmente como una teoría de la percepción visual en Alemania. Esta teoría postula que las personas percibimos totalidades; completamos en nuestra mente cosas fragmentadas hasta percibir algo con sentido para nosotros; percibimos de acuerdo a lo que tenemos en ese momento en nuestro interior, etc. Incluso existen leyes de la Gestalt sobre la percepción.

Perls tomó esta teoría e investigó la aplicación de las leyes de la Gestalt dentro del campo psicoterapéutico, generando en ese entonces una revolución en el mundo psicológico. Conceptos como "aquí y ahora", "el presente como único momento de transformación", "el darse cuenta", "la aceptación" y otros, fueron un hito en un mundo psicoanalítico donde la visión estaba centrada en el pasado, ¡y donde el terapeuta era quien interpretaba lo que al paciente le ocurría! En la psicoterapia Gestalt, es el paciente quien se da cuenta: el terapeuta simplemente lo acompaña y no lo deja desviarse de su experiencia de contacto.

La psicoterapia Gestalt, junto con la cognitiva-conductual, la sistémica y otras más constituyeron lo que se denominó la "segunda ola de psicoterapias", ya que el psicoanálisis freudiano y lacaniano constituyeron la primera. Al día de hoy se ha establecido una "tercera ola" de psicoterapias con otras corrientes más nuevas todavía, como la *Terapia de Aceptación y Compromiso, Psicoterapia Analítica Funcional,* la *Terapia Dialéctica Conductual,* la *Terapia Integral de Pareja,* la *Terapia Cognitiva Basada en Mindfulness,* que son ejemplos de estas nuevas formas de encarar los problemas psicológicos.

Dentro de la psicoterapia gestáltica existe una técnica denominada "la silla vacía". Cuando en el curso del tratamiento psicoterapéutico se detectaba algún conflicto con una persona no disponible en ese momento (podía ser alguien fallecido), el Dr. Perls, que era un gran admirador y cultor del teatro, ubicaba dos sillas enfrentadas y le pedía al paciente que se sentara en una de ellas. Le pedía que cerrara los ojos y luego le decía que imaginara que tenía sentada frente a él a la persona con la que tenía el conflicto. En el momento que el paciente podía imaginar que tenía a esa persona "sentada" en esa silla vacía, Perls le solicitaba al paciente que le dijera a esa persona todo lo que tenía pendiente para decirle. Luego hacía que el paciente hiciera contacto con lo que sentía en lo más profundo mientras se "vaciaba" emocionalmente. Pasado un tiempo, hacía cambiar de silla al paciente y lo hacía sentarse en la silla vacía para que asumiera el rol de la persona que "estaba sentada allí", y una vez que el paciente asumía ese personaje (como si fuera un actor), debía contestarle.

Así, Fritz Perls hacía cambiar a la persona una y otra vez de sillas, estableciéndose un diálogo entre el paciente y la persona (no presente) con la que tenía el conflicto. Sé que muchos ya se habrán dado cuenta de que este diálogo siempre es interno, pero ese es justamente el punto: siempre las cosas se dan dentro de nosotros antes que afuera, y cuando lo podemos resolver (dentro de nosotros), afuera también se resuelve ese conflicto. La técnica de la silla vacía se sigue utilizando hasta el día de hoy en todo el mundo.

Existe un psiquiatra argentino contemporáneo, el Dr. Norberto Levy, que le da un giro más a esta técnica. Él, con el propósito de ahondar aún más en los conflictos de los seres humanos, creó una variante de la técnica de la silla vacía aplicada a los conflictos *intrapersonales* (en vez de los interpersonales que utilizaba Perls). Temas como la culpa, la cólera, la exigencia, pueden ser abordados con esta técnica. Así, Levy escribió varios libros sobre su forma de trabajo. El primero de ellos –a mi juicio– extraordinario, titulado *El camino de la autoasistencia psicológica*, marca un hito en el terreno de explorar los conflictos de dos aspectos de nuestra personalidad en pugna. En él describe con puntillosidad lo que es este proceso de autoasistencia, donde se toman los distintos problemas psicológicos y se los coloca enfrente (silla vacía) para así entablar diálogos una y otra vez hasta que este conflicto se resuelva. El Dr. Levy postula que nosotros, al igual que ocurre con las personas que nos rodean, tenemos aspectos de nuestra personalidad que están en conflicto, y que debemos hacer que dialoguen hasta reducir el nivel de crítica y violencia con el que estos aspectos internos se tratan.

A lo largo del libro he mencionado varias veces a Buda y su enseñanza de colocar toda nuestra conciencia el tiempo necesario hasta que sobrevenga la comprensión y nos saque de la situación de ignorancia, que siempre nos genera dolor. Cuando podemos comprender cómo es la interacción de dos aspectos de nuestra personalidad que están en conflicto y maltratándose, mucho de ese dolor desaparece o se atenúa sensiblemente.

El punto es que la experiencia de ese contacto con ambos aspectos no es fácil y tiene muchas formas de resistencia para evitar que ese contacto se realice; y es justamente ahí donde la figura del terapeuta se torna imprescindible: hay que detectar el desvío de la experiencia de contacto y re-orientarlo para que esta culmine.

El momento en el cual una persona puede ver con claridad un aspecto disfuncional y la manera de corregirlo es lo que se denomina en Gestalt el "darse cuenta". Cuando ocurre esto, estamos frente a un profundo aprendizaje en el sentido textual de la palabra, donde se atraviesa un punto de inflexión a partir del cual, una vez traspasado, ya no se podrá retroceder nunca más al estado anterior.

Si bien Fritz Perls también había realizado algunos diálogos de "silla vacía" con aspectos internos de la personalidad, no hay nadie (a mi juicio) como el Dr. Norberto Levy a la hora de incursionar en este tema.

No bien terminé el posgrado en Gestalt (en noviembre de 1991) empecé a preguntarme cómo podría utilizar estas herramientas en el proceso de sanación de mis pacientes. Fue entonces cuando se me ocurrió pensar en hacer la silla vacía... ¡con la enfermedad!

¿Por qué no?

¿Qué diferencia había entre el sufrimiento provocado por un conflicto interpersonal, uno intrapersonal o un conflicto provocado por una enfermedad?

Imaginé que no habría demasiadas diferencias entre ellos. Tal vez tendría que modificar en algo el protocolo estándar de ejecución de la técnica, pero no pasaría de ello...

Así fue que comencé en el año 1991 a experimentar en la técnica de la silla vacía para ver si efectivamente servía como algo curativo interno, y verificar si esa curación interna se reflejaba en una mejoría o curación objetivable en mis pacientes.

Desde ese momento hasta ahora ha pasado mucha agua bajo el puente, muchas idas y vueltas, muchas correcciones de la técnica (porque algunas intervenciones específicas no tenían sentido frente a la enfermedad) hasta conseguir lo que hoy utilizo de manera corriente y que ha demostrado ser eficaz en este diálogo con la enfermedad.

EJERCICIO 9

Diálogo con el síntoma (o enfermedad)

El siguiente ejercicio puede realizarse con algún ayudante que lea estas instrucciones a la persona que quiera realizarlo, o bien puede ser grabado y luego reproducido mientras uno se deja guiar por la visualización.

Esta visualización es un modelo. Sistemáticamente estoy revisando este material, por lo que seguro en un futuro no muy lejano estaré presentando alguna modificación sobre el actual.

A continuación describo la guía que utilizo en la actualidad. Repito una vez más que este ejercicio, al igual que los demás ejercicios contenidos en este libro, no se pueden realizar sin la ayuda de un profesional del tema (psicólogo o médico) ya que sus intervenciones terapéuticas y su contención son fundamentales a la hora de enfrentarse con la enfermedad.

Cuando guío las visualizaciones, me ubico de costado entre el paciente y el síntoma (no me siento frente al paciente). Siempre tengo a mano un papel y algo para escribir porque le solicito al paciente que me vaya describiendo lo que está viviendo con el mayor detalle posible.

Todo lo que el paciente dice lo escribo textualmente con el fin de luego dárselo o dictárselo para que él se lo lleve.

Guía básica de diálogo con el síntoma (o enfermedad)

Me coloco en una posición cómoda, sentado o acostado. Comienzo a respirar por mi nariz en forma lenta y profunda. Concentro mi atención en la frente... Siento cómo mi frente se relaja... Siento mi frente fresca y lisa... Fresca y lisa... Puedo imaginar que desaparecen las arrugas de mi frente... Siento cómo mi cuerpo entero también se relaja cuando relajo mi frente...

Me relajo...

Ahora me concentro en los párpados... Relajo los párpados... Imagino que mis párpados caen suavemente llevados por su propio peso... El peso de mis párpados no es mucho, pero es suficiente para que bajen suavemente, cerrando mis ojos sin ningún esfuerzo y con dulzura... No hago fuerza para cerrarlos... Ellos se cerrarán a su tiempo y medida... Siento cómo todo mi cuerpo se relaja a medida que relajo mis párpados...

Me relajo...

Ahora me concentro en la lengua... Voy dejando caer la lengua en el piso de la boca, como si fuera la hoja de un árbol que cae en otoño... Relajo mi lengua... Relajo mi lengua... Siento cómo todo mi cuerpo se relaja a medida que relajo mi lengua...

Me relajo...

Ahora voy a relajar todo mi rostro... Todo mi rostro se relaja totalmente y a medida que relajo el rostro siento cómo todo mi cuerpo se relaja junto con él...

Me relajo...

Relajo ahora mi cuello... Muchas tensiones se acumulan en el cuello, por lo que es muy importante relajarlo... Imagino que mi cuello lentamente se relaja... Lo puedo imaginar como una vela que se va derritiendo, o como una esponja muy blanda que se puede apretar sin ninguna resistencia... Aprieto mi cuello e imagino cómo se hunde fácilmente... Siento cómo mi cuerpo se relaja a medida que puedo relajar mi cuello...

Me relajo...

Ahora voy a relajar mis brazos... Mis dos brazos se ablandan y se relajan sin ninguna dificultad... Siento cómo mis brazos se van aflojando... También puedo imaginar que mis brazos son como de esponja, como si los brazos fueran de cera. Siento cómo todo mi cuerpo se relaja a medida que relajo mis brazos...

Me relajo...

Ahora voy a relajar todo mi tórax... Siento cómo el tórax se ablanda, hasta convertirse en algo blando, suave, como si fuera de esponja. Siento cómo todo mi cuerpo se relaja a medida que relajo mi tórax.

Me relajo...

Ahora me concentro en mi abdomen... La relajación va avanzando por mi cuerpo como una onda... Todo mi abdomen se empieza a ablandar y termina siendo como de esponja, blando, depresible, suave... Siento además cómo todo mi cuerpo se relaja a medida que relajo mi abdomen...

Me relajo...

Finalmente, la onda de relajación avanza por mis piernas... Siento cómo todo mi cuerpo se relaja a medida que relajo mis piernas. Ya mis piernas se han vuelto blandas. Puedo imaginar que si aprieto una pierna se hunde suavemente sin ofrecer ninguna resistencia...

Me relajo...

Concentro mi atención en la respiración... Respiro en forma lenta y profunda a través de mi nariz, y durante dos o tres respiraciones voy a exhalar más aire del que tomo.
Luego voy a respirar en forma normal a través de mi nariz, sin alterar mi respiración en su profundidad ni en su frecuencia... Simplemente voy a dejar que el aire entre y salga a través de la nariz... Con cada inspiración repito mentalmente "ENTRA ENERGÍA" y con cada exhalación repito mentalmente "SALEN TENSIONES"...

Entra energía y salen tensiones...entra energía y salen tensiones...

Primero voy a dejar ir las tensiones físicas. Dolores, contracturas, incomodidades, no van a ser necesarias para este ejercicio, por lo que las voy a dejar ir con cada exhalación, y a medida que exhalo voy a ir sintiendo más y más relajación física...

Salen tensiones físicas... Salen tensiones físicas...

Ahora voy a dejar ir las tensiones emocionales... Miedos, ansiedades, angustias, enojos, nada de esto es necesario para realizar este ejercicio, por lo que las voy a dejar ir con cada exhalación, y a medida que exhalo voy a ir sintiendo más y más tranquilidad emocional...

Salen tensiones emocionales... Salen tensiones emocionales...

Finalmente voy a dejar ir las tensiones mentales... Dudas, juicios, criticas, nada de esto es necesario para este ejercicio, por lo que voy a dejar ir estas tensiones mentales con cada exhalación, y a medida que exhalo voy a ir sintiendo más y más calma mental...

Salen tensiones mentales... Salen tensiones mentales...

Así, habiendo aquietado aunque más no sea un poco las tensiones físicas, emocionales y mentales, voy a continuar con este ejercicio...

Frente a mí va a aparecer en mi imagen mental... mi problema físico.
Esta imagen puede adoptar cualquier forma, ya sea una forma humana, una forma animal, una forma abstracta, o a veces simplemente un color...

Trato de no modificar la imagen que venga a mi mente...
No intento alterar esta imagen con mi intelecto, ya que esta forma proviene de mi mente intuitiva, de mi mente superior...
No tiene que tener relación estricta con lo que objetivamente me muestra esta imagen...
Si por ejemplo aparece la imagen de alguien conocido, tal vez tenga que ver con lo que esta persona significa para mí y no necesariamente esta persona en sí misma...

Observo esta imagen de mi problema...
¿Cómo es?
¿Cuál es su forma?
¿Qué tamaño tiene?
¿Qué color tiene?
¿Qué temperatura tiene?
¿Cómo es su superficie?

Ahora procuro darme cuenta de qué siento yo frente a esta imagen...
Presto mucha atención a esto que siento...
¿Puedo identificar claramente lo que estoy sintiendo en este momento?
¿Es placentero o doloroso?
Si es placentero, ¿qué es lo que siento?
¿Será alegría?
¿Será tranquilidad?
¿Será confianza?
¿Será seguridad?

¿Puedo identificar dónde percibo esa sensación placentera en mi cuerpo? ¿Podría identificar el lugar con detalle?

Trato de hacerlo...
Ahora que tengo identificado esto que siento frente a mi problema, voy un poco más allá: si esta sensación o emoción se transformara en una acción, ¿cuál sería esta acción? ¿Acaso la abrazaría...la patearía...huiría...hablaría...lloraría...?

Si es doloroso, ¿qué es lo que siento?
¿Siento ira?
¿Siento miedo?
¿Siento inseguridad?
¿Siento desconfianza?

¿Dónde identificar el lugar en que percibo esa sensación dolorosa en mi cuerpo? ¿Podría identificar el lugar con detalle?
Trato de hacerlo...
Ahora que tengo identificado esto que siento frente a mi problema..., voy un poco más allá: si esta sensación o emoción se transformara en una acción, ¿cuál sería esta acción? ¿Acaso la abrazaría... la patearía... huiría... hablaría... lloraría...?

Presto atención a esta reacción frente a mi problema...

Esta imagen frente a mí tiene siempre la capacidad de hablar o de expresarse de alguna forma, así que yo voy a poder establecer una comunicación con ella ahora.

Le voy a decir lo siguiente mentalmente:
"Lo que yo siento estando frente a vos es..." (se lo digo mentalmente).
"Y si esto que siento se transformara en una acción, lo que yo te haría es...".

Se lo digo mentalmente y presto atención a su respuesta...
Si quiero contestarle, lo puedo hacer ahora...

Le hago la siguiente pregunta:
"¿Hay algo que quieras decirme ahora?".
Dejo que ella me conteste y trato de no alterar ni censurar esta respuesta. Simplemente recibo textual esa respuesta...
Si quiero contestarle, lo puedo hacer ahora...

Le hago la siguiente pregunta:
"¿Por qué apareciste en mi vida?".
Trato de registrar qué siente mi problema cuando le digo esto y qué me contesta...
Si quiero contestarle, lo puedo hacer ahora...

Ahora le hago la siguiente pregunta mentalmente:
"¿Qué debo hacer para que vos te vayas definitivamente de mi vida?".
Trato de registrar qué siente mi problema cuando le digo esto y qué me contesta...
Si quiero contestarle, lo puedo hacer ahora...

Voy a iniciar un diálogo con mi problema en este momento, y lo recordaré con todo detalle luego...

(Pausa de varios minutos)

(Cuando el diálogo se agote y ya no quede nada pendiente por decirse):

Ahora voy a conectarme con el aspecto más sabio que exista

dentro mío...
Todos tenemos en nuestro interior un aspecto que encierra una profunda sabiduría, como esos viejos sabios de las películas...
Este personaje sabio va a revisar el diálogo que hubo entre mi problema y yo, y desde su lugar, este sabio va a sacar conclusiones sobre lo que observó...
También va a tratar de imaginar cómo será la relación entre mi problema y yo dentro de un tiempo, y qué necesitaríamos para poder llegar a un arreglo más duradero o definitivo...

(Pausa de varios minutos)

En unos instantes, voy a abrir mis ojos y voy a sentir un gran descanso y un perfecto estado de salud...
UNO... DOS... saliendo poco a poco... TRES... a la cuenta de cinco voy a abrir los ojos... CUATRO... CINCO..., abro mis ojos, siento un gran descanso y un perfecto estado de salud...

* * *

Este es el ejercicio básico de diálogo con nuestro síntoma o enfermedad.

Lo aconsejable cuando ha finalizado la visualización y abrimos los ojos es anotar lo antes posible todo lo que se recuerde en el momento. La finalidad de esto radica en que el paso del tiempo borra una enorme cantidad de detalles que pueden ser importantes a la hora de rever este tema en el futuro.

También es importante aclarar ciertas situaciones que pueden sobrevenir al realizar el ejercicio, ya que existen distintas formas en que el síntoma se manifiesta frente al paciente. No todas significan lo mismo, y de tanto verlas he conseguido identificar lo que podríamos denominar grupos de interacción entre el síntoma (o la enfermedad) y la persona:

1. La primera de ellas y tal vez la más importante es: lo que el síntoma dice debe ser tomado textualmente (sin interpretación). Hasta el día de hoy, que llevo cientos de diálogos realizados, lo dicho por el síntoma es textual, y tiene que ver directamente con lo que le pasa a la persona en su vida y en ese momento. Muchos pacientes se han quedado mudos de asombro frente a los dichos directos y sabios de su propia enfermedad. Por lo tanto, les pido a todos los terapeutas que les gusta interpretar y pasar a tener un papel de protagonismo imprescindible en la vida del paciente: ¡que se abstengan de hacerlo en este ejercicio! Nunca hasta el día de hoy (en mi consultorio) el síntoma ha dicho cosas sin sentido o fuera de contexto en la vida de la persona. Más bien todo lo contrario; todas las aseveraciones o pedidos por parte del síntoma tienen que ver con temas existenciales esenciales para la persona en su vida. Podemos ver pedidos como "atención propia", "cuidado personal", "contención personal", "perdón", "revalorización", etc.

2. Un segundo punto que debe ser aclarado al paciente es que si se siente muy mal frente al ejercicio, se puede suspender simplemente abriendo los ojos. Jamás me sucedió eso hasta el día de hoy, pero siempre lo aclaro para tranquilidad del paciente. Sí puede ser que se emocione bastante, que llore, pero ninguno abrió sus ojos para suspender el ejercicio.

3. El síntoma puede no aparecer en la imagen mental del paciente. Esto sucede muchas veces, y lo más común es verlo en los casos de síntomas de larga data o crónicos. A veces son necesarias varias sesiones hasta que se pueda visualizar adecuadamente el síntoma.

4. El síntoma aparece pero no se comunica. Simplemente se

queda ahí y no contesta ninguna de las preguntas hechas por el paciente. Este caso es parecido al anterior. Se necesita repetir esta técnica hasta que el síntoma finalmente hable.

5. Puede suceder que hable poco o que diga que repitan la comunicación otro día. Esto lo he visto varias veces. Es adecuado seguir esa sugerencia, y repetir el ejercicio luego de un tiempo. Incluso en algunas ocasiones se le ha preguntado al síntoma cuánto tiempo necesita para un nuevo contacto, y en muchos casos él pide un tiempo determinado (un par de semanas, un mes, etc.).

6. El diálogo se da de forma agresiva y termina en crisis. Esto significa que el conflicto continúa y que habrá que repetir la sesión de diálogo hasta que ambos aspectos lleguen a un acuerdo (si es que no se puede moderar ese conflicto con ayuda del terapeuta en la misma sesión).

7. El síntoma hace un pedido conductual, pero anuncia que aun cambiando, él no se va a ir de la vida del paciente. Esto puede suceder por varias razones. La primera es que la enfermedad sea crónica e irreversible (por ejemplo un enfisema pulmonar), pero aun así, la evolución se puede enlentecer o detener. Otra de las razones es que cuando se hayan realizado los cambios pedidos por la enfermedad al paciente, sea necesario volver a realizar un diálogo y seguir dinámicamente la evolución.

8. El diálogo culmina con un abrazo o con los dos en pleno acuerdo. Este caso es el final más esperado por todo terapeuta, porque tiene muy buen pronóstico. Es el tipo de casos que más nos gusta a los terapeutas holísticos, por el pronóstico y la felicidad de nuestros pacientes.

A continuación voy a exponer varios casos de diálogo con el síntoma, que son reales y muy ilustrativos de la importancia de esta técnica.

Diálogo con una sinusitis crónica

Este diálogo con una enfermedad fue uno de los primeros que coordiné en el año 1991, en un paciente que me pidió hacer algo con una sinusitis crónica que lo atormentaba y no lo dejaba respirar desde su adolescencia (en ese momento él tenía 45 años). Llevaba recorriendo consultorios de otorrinolaringólogos durante todos estos años con resultados parciales y muy frustrantes.

Paciente (describiendo su sinusitis crónica): Es extraña… Como una talla, pero tiene vida. Parece de oro... Es como de metal... Se observa una figura como de un hombre que está sosteniendo algo. Como si fuera un apóstol... Tiene una túnica. Parece la imagen de San Pedro. Sostiene como un capitel por encima de su cabeza… Hace un gran esfuerzo para seguir sosteniendo ese peso... Más que sosteniendo, está "empujando" hacia arriba con un esfuerzo tremendo…

Siento como si hubiese conocido de toda la vida esta imagen… es algo familiar para mí…

Puedo sentir en mi cuerpo el esfuerzo que hace…

Me da ganas de querer ayudarlo…

Le indico que le haga mentalmente la pregunta: "¿Hay algo que quieras decirme?"

Sinusitis: (No contesta)

Paciente: ¡Se colocó debajo de mi nariz y lo que sostiene con tanto esfuerzo es toda mi nariz congestionada!

Sinusitis: Por favor, quítame de acá.

Paciente: No sé cómo hacer eso…

Sinusitis: Con tu voluntad.

Paciente: Eso me genera desconfianza. ¿Por qué estás en mi vida desde hace tantos años?

Sinusitis: ¡Porque me pusiste ahí cuando necesitaste apoyarte en mí para seguir con tu vida, y yo como un bastón tuyo!

Paciente: ¿Querrías decirme algo más?

Sinusitis: Nada más. ¿Puedo irme ahora?

Paciente: Te doy permiso para que te vayas. Te agradezco lo que hiciste por mí todos estos años. Creo que sin vos no habría podido continuar.

En ese momento la sinusitis deja de sostener "la nariz" y, con un gesto de mucho alivio se aleja rodeada de un brillo dorado...

Luego de esta visualización estuvimos viendo cómo él había utilizado su sinusitis desde la preadolescencia como una excusa casi perfecta para evitar muchos encuentros de tipo social, escudándose en su enfermedad.

A partir del día mismo que realizamos ese trabajo de contacto y diálogo con su sinusitis, ¡se curó totalmente hasta la actualidad!

Cabe acotar aquí que no todos los trabajos de contacto con la enfermedad son tan simples y con un resultado tan espectacular como el que acabo de describir, pero este es un caso real y como tal también tiene validez.

Diálogo con una depresión

Este caso es el de una paciente que padecía de depresión refractaria al tratamiento desde hacía dos años.

Me pidió que intentáramos algo además de su tratamiento médico convencional (medicación psiquiátrica y psicoterapia dos veces por semana).

Este es el diálogo que ocurrió entre la paciente y su depresión.

Paciente (describiendo la imagen de su depresión): Es un caballo sobre el cual está montado un caballero con armadura. El caballo tiene una manta blanca que lo cubre casi totalmente. Esta manta es de color gris oscuro ahora, pero el color original era blanco.

Veo una lucha entre los colores blanco y gris de la manta que cubre al caballo...

Al ver esa manta siento una fuerza muy grande... Es como que está presionada, cubierta por el paso del tiempo... El tamaño es grande, casi imponente... ¿Hay algo que me quieras decir?

Depresión: Yo soy tu depresión, pero en mí está toda la fuerza de tu vida también. Si me sabes utilizar, descubrirás en mí también tu alegría.

Paciente: ¿Cómo te puedo utilizar sabiamente?

Depresión: Si me das rienda suelta, si no me contienes, sabrás sacarme la pátina gris que tiene esta manta que me cubre y aparecerá toda la fuerza y toda la energía que tengo para usarla en tu favor. Yo soy las dos caras de la misma cosa, pero hasta ahora no pudiste descubrir que en mí existe la fuerza que alimenta tu vida.

Paciente: ¿Pero cómo hacerlo? ¡No sé cómo hacerlo!

Depresión: Súbete al caballo, toma las riendas y entonces... ¡manejarás tu vida!

Este diálogo ilustra un fenómeno que observo constantemente en mi consultorio. La misma cualidad tiene dos caras.

Los maestros espirituales lo dicen constantemente: "a veces la mayor virtud también es el mayor obstáculo para el crecimiento espiritual".

Esto que parece un trabalenguas lo verifico cada semana en

mi trabajo con la gente. Hace muy poco le dije a un paciente: "Tu mayor virtud es tu gran inteligencia. Pero toda intervención mía es cuestionada, discutida, vista con duda y recelo. Por lo que veo, también hay un gran defecto en tu interior: tu gran inteligencia". El paciente se quedó mirándome y finalmente se rió conmigo, porque sabía que yo tenía razón. Muchos de sus problemas provenían de este obstáculo, que era su inteligencia. Es claro que le había permitido llegar al lugar donde él se había propuesto, pero con grandes costos personales debidos también a su inteligencia.

Toda cualidad, al igual que una moneda, tiene un anverso y su reverso, su costo y su beneficio. Debemos estar todos alerta ante nuestro mayor don, porque si se descompensa puede resultar en el mayor problema...

En este caso de depresión, resultó sorprendente ver que esa misma depresión y la fuerza de la vida formaban una dualidad inseparable.

Como dije al comienzo del libro, enunciando la primera ley de curación espiritual: "toda enfermedad es producto de la inhibición de la vida del Alma". Al inhibir la *fuerza de la vida* por la razón que fuere, lo que se terminó produciendo en esta persona es una depresión. Así de simple.

El trabajo posterior que nos llevó algún tiempo fue liberar esta fuerza para que pueda fluir en su rango adecuado.

CAPÍTULO 15

La conciencia plena sobre la enfermedad

Aquí entramos en otro capítulo importante del contacto con la enfermedad. Ella, al igual que cualquier circunstancia de la vida, *nos ocurre.* Y si algo nos está ocurriendo, es por alguna razón. Estas oraciones que parecen un sinsentido tienen para mí un profundo significado, ya que contienen en sí el nudo del problema que nos aboca en este libro.

Vuelvo a decir: Buda decía que todo, absolutamente todo lo que nos ocurre en la vida, son simples circunstancias de aprendizaje. Somos nosotros los que calificamos a estas circunstancias como buenas o malas, ya que ellas en sí mismas no encierran ninguna cualidad particular. Una serpiente no es peligrosa; somos nosotros quienes la calificamos así. El dolor físico es una sensación más, como lo es el calor o la presión sobre la piel. Somos nosotros quienes cualificamos al dolor con una connotación desagradable, y sufrimos cuando este aparece. Si tuviéramos cosquillas (sensación que se transmite por la misma vía nerviosa que el dolor) nos reiríamos, pero con el dolor ocurre todo lo contrario: podemos llorar al sentirlo.

Ya he escrito anteriormente que las circunstancias que nos toca vivir vienen a ser lo mismo que las distintas materias que existen en la escuela: tenemos que aprenderlas y aprobarlas. Son los alumnos quienes califican estas materias como "feas" o "lindas" según su propio gusto o afición. En la vida ocurre exactamente lo mismo que en la escuela: somos nosotros quienes calificamos lo que nos ocurre como bueno o malo, sin darnos cuenta de que todo lo que vivimos es una circunstancia de aprendizaje. Y, por supuesto, la enfermedad conlleva algo que debemos aprender.

Es por todo lo anterior que insisto en mirar con detenimiento cada problema que tenemos en la vida, incluso la enfermedad.

Casi todos los ejercicios que hemos comentado en los capítulos previos son formas distintas de detener nuestra marcha enloquecida por la vida y contemplar (utilizo este término con toda intención) la enfermedad o síntoma con toda la profundidad que nuestra conciencia nos permita.

Veamos entonces qué es este concepto de conciencia plena que encabeza el capítulo.

Mencioné también varias veces al Maestro Buda en este libro. Él insiste todo el tiempo en el concepto de Verdad como opuesto de la ignorancia. Cuando estamos frente a la verdad, no sufrimos; sólo la ignorancia nos hace sufrir. Por eso Buda insiste tanto en que la técnica básica frente a todo sufrimiento es la contemplación de aquello que nos hace sufrir hasta que sobrevenga la comprensión. Cuando comprendemos, dejamos de sufrir. Así de simple.

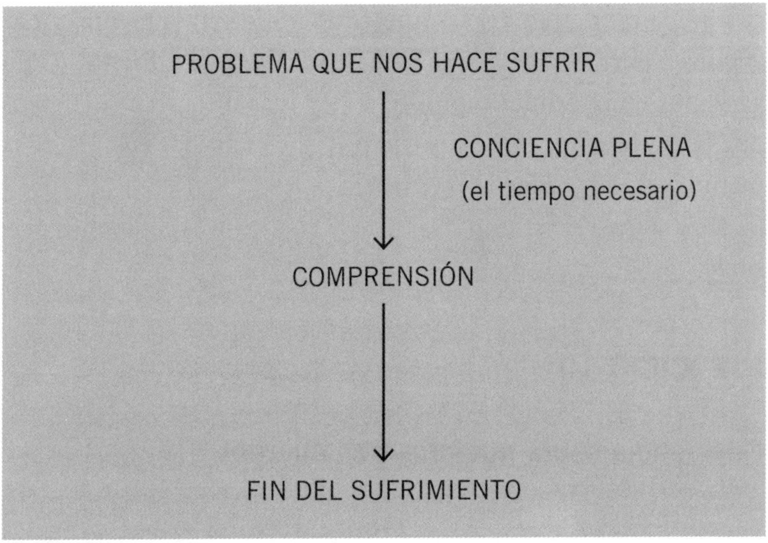

En la India es común encontrar citas con respecto a esta actitud de mantener la mente enfocada en algún tema. Incluso se va más lejos todavía, diciendo que no alcanza con la mente, sino que se coloca *toda la conciencia* en aquello sobre lo cual se desea conocer la verdad. Por esta razón se habla de conciencia plena.

De acuerdo al idioma en que se traduzca la idea de conciencia plena, podremos encontrar distintos conceptos. En España, al concepto de conciencia plena se lo tradujo, curiosamente, como "atención vigilante". En inglés se lo tradujo como *mindfulness*, que no tiene traducción literal al español, pero tal vez sea el vocablo más ajustado al concepto sánscrito del que deriva.

La conciencia, dentro del paradigma oriental, está por encima de la mente. La mente sólo es un instrumento de la conciencia. Si bien es un tema que tocaré con mucho más detalle en mi próximo libro (sobre Raja Yoga, el Yoga mental), vale la pena aclarar que *el ser humano no termina en la mente.* Sabemos que para Occidente la estructura del ser humano termina en la mente, y por encima o por fuera de esta ya no hay más nada. En Oriente, como ya vimos en el primer capítulo, sí hay más instancias o cuerpos que la continúan, y en estos cuerpos que están por encima de la mente es donde reside la conciencia.

Y para demostrar esto hagamos el siguiente experimento personal.

EJERCICIO 10

Conciencia sobre nuestros tres cuerpos

1. Sentémonos o acostémonos en un lugar tranquilo. Respiremos profundo y conectémonos con nuestro cuerpo físico. Podemos observarlo con los ojos físicos o simplemente podemos cerrar los ojos y prestar atención a la respiración, a las sensaciones corporales, a las partes del cuerpo que apoyan sobre la superficie donde descansa el cuerpo, o donde sea que nuestro cuerpo llame la atención de nuestra conciencia. Quedémonos así cinco minutos.
Ahora que hicimos esto, pensemos lo siguiente: si nosotros podemos colocar nuestra conciencia sobre nuestro cuerpo, entonces hay dos conclusiones inmediatas que podemos sacar:
   a) Nuestro cuerpo no es el yo, porque el yo es quien está observando el cuerpo...
   b) Y si lo puede observar, entonces está en otro plano, nivel o como lo queramos llamar. El que observa está por sobre el cuerpo.

2. Respiremos profundo y conectémonos con nuestras emociones. Sin intentar modificar ni cambar nada, coloquemos nuestra

conciencia en el componente emocional de nosotros. ¿Qué estamos sintiendo? ¿Es una sola emoción o son varias? ¿En qué parte del cuerpo las puedo ubicar?

Ahora que hicimos esto, pensemos lo siguiente: si nosotros podemos colocar nuestra conciencia sobre nuestras emociones, entonces hay dos conclusiones inmediatas que podemos sacar:

a) Nuestro mundo emocional no es el yo, porque el yo es quien está observando el mundo emocional...

b) Y si lo puede observar, entonces está en otro plano, nivel o como lo queramos llamar. El que observa está por sobre las emociones.

3. Respiremos profundo y conectémonos con nuestros pensamientos. Sin intentar cambiar nada, coloquemos nuestra conciencia en nuestros pensamientos. ¿Qué estamos pensando? ¿Podemos identificar y clasificar nuestros pensamientos?

Ahora que hicimos esto, pensemos lo siguiente: si nosotros podemos colocar nuestra conciencia sobre nuestros pensamientos, entonces hay dos conclusiones inmediatas que podemos sacar:

a) Nuestro mundo mental no es el yo, porque el yo es quien está observando el mundo mental.

b) Y si lo puede observar, entonces está en otro plano, nivel o como lo queramos llamar. El que observa está por sobre los pensamientos...

"Eso que observa" está por encima de nuestro cuerpo, nuestras emociones y nuestros pensamientos. Pero ¿quién o qué es eso que observa? Según el paradigma de cada lector, puede haber distintos tipos de respuesta a esta pregunta. De acuerdo a mi paradigma (y el de muchos otros), por encima de nuestro cuerpo, emociones y pensamientos... está la *conciencia*.

La conciencia está en un plano o nivel por encima de la mente. Es más, la mente, desde esta perspectiva, *es el instrumento de la conciencia*; es aquello que le sirve a la conciencia para percibir el mundo... En el plano de la conciencia ya no existen pensamientos, porque estos pertenecen a la mente y como ella está un plano por debajo de la conciencia, dejamos atrás los pensamientos, ¡pero siendo plenamente conscientes de la realidad!

Además del recurso del razonamiento que utilizamos más arriba para demostrar la existencia de la conciencia, hay una experiencia vivencial incontrastable, pero difícil de lograr: la meditación.

Cuando meditamos, no siempre estamos en el mismo nivel. Existen distintos niveles en el supraconsciente (ya mencionamos a Vivekananda en otro capítulo). Cuando vamos ascendiendo por estos planos supraconscientes, en un momento dado *dejaremos de pensar* y sólo tendremos conciencia pura. Habremos pasado más allá del plano de la mente. Ahí no hay pensamientos ni razonamientos; sólo conciencia pura que lo abarca todo y con la que podemos unificarnos con todo ser mineral, vegetal, animal, humano, con el planeta, con el sistema solar o con el cosmos entero. Esto no es una linda frase, sino que es textual y real.

Aunque no es fácil llegar a ese estado, cualquiera que adquiera la disciplina de la meditación diaria puede alcanzarlo y verificar por sí mismo esto que afirmo. Para aquellos que no están dispuestos a hacer el trabajo meditativo, queda el simple razonamiento anterior ya descripto.

La conciencia es todo el ser, no es sólo la mente; es un TODO que está plenamente presente en aquello donde se coloca.

Por lo anterior, es difícil que en Occidente se entienda el concepto de conciencia; en primer lugar porque está fuera de su marco teórico, y en segundo lugar porque la experiencia de quedarse solo con la conciencia en meditación es una situación no verificable por la ciencia objetiva occidental, y por lo tanto indemostrable desde el punto de vista de la filosofía científica.

Ya vimos lo que es la conciencia, y que no es tomada en cuenta por Occidente. Por lo tanto, todo lo que provenga de ella se considerará como proveniente de la mente, porque ahí termina su marco teórico. Es este el gran problema en Occidente: ¡tratar de encajar un cuadrado en un círculo!

Volviendo al tema de la conciencia plena, recuerdo a un gran maestro espiritual que mencionaba la siguiente forma de trabajar internamente...

El rol del observador desapasionado

Esta forma de trabajo interno posee las características de la exploración con conciencia plena clásica. Debemos procurar conseguir la actitud de alguien que sólo observa, sin tratar de modificar, juzgar o criticar aquello que está observando.

Una actitud parecida sería lo que en el mundo moderno posee un documentalista. Cualquier persona que filma documentales se instala con una carpa camuflada en medio de la naturaleza y filma una determinada especie animal o vegetal. Luego de reunir todo el material, se retira y edita lo que ha filmado hasta convertirlo en un informe adecuado para el público. A lo largo de ese informe, describe cómo vive una determinada especie animal, cómo tienen crías, cómo las cuidan, cómo consiguen alimento, etc.

Como podemos ver en el ejemplo anterior, la observación desapasionada (sin pasión, sin emociones) es una descripción de un fenómeno cualquiera donde no se pretende más que observar con el mayor detalle posible todo lo concerniente a ese hecho o fenómeno, sin adjudicarle ninguna cualidad ni atribuirle valores subjetivos.

El rol del observador desapasionado se utiliza mucho en autoconocimiento espiritual. Simplemente se observa sin emitir un juicio ni crítica y, por supuesto, sin intentar modificar aquello que se observó. Luego, de acuerdo a la descripción pura del fenómeno, se analiza si es pertinente el cambio en función de un crecimiento interno, y de ser así se instrumentan las medidas para ejecutar ese cambio.

No hay cambio posible sin una observación cruda (desapasionada) de la realidad.

Este ejercicio que se transmitió primero oralmente y más tarde de manera escrita; se viene empleando en Oriente sin interrupción desde hace milenios. Es recién en el siglo XX que Occidente aplica la contemplación sistemática sobre un fenómeno (con excepción de algunos individuos aislados, como los científicos) para comprenderlo a fondo.

Como ejemplo, tenemos al Dr. Jon Kabat-Zin, eminente médico y profesor norteamericano, que concurrió a Francia, al monasterio del maestro más importante en la actualidad sobre budismo Zen: Thich Nhat Hanh, a realizar un retiro de silencio. Quedó tan impactado por la experiencia, que al regresar a los Estados Unidos, tomó del budismo algunos conceptos clave y elaboró un programa sistemático para aplicarlo en sus pacientes. A este enfoque derivado del budismo, que ya hemos mencionado, lo denominó *Mindfulness.*

Mindfulness combina técnicas de respiración hindú (Pranayama), ejercicios de Hata Yoga, contemplación y meditación en una estructura muy simple y efectiva que cualquier persona puede aprender en pocos encuentros. Su aplicación permitió realizar muchos experimentos científicos para validar su utilización. Resultó sumamente útil en personas con estrés, dolores crónicos, cáncer, etc.

El *Mindfulness* se difundió y expandió por todo el mundo occidental con rapidez, y hoy se entrena a miles de personas en esta técnica de reconocida utilidad. Existen ciertas críticas en el mundo espiritual, pues suponen que reduce el concepto budista a una mínima expresión. Creo que en ese punto esto es cierto, pero también reconozco su utilidad en la práctica. Si una persona comienza a practicar *Mindfulness* y se interesa por el budismo y desea aprender más sobre su método, puede dedicar su tiempo y esfuerzo a hacerlo, y aprovechar diez o veinte veces más de lo que se tomó del *Mindfulness.*

El concepto de conciencia plena budista es muchísimo más que *Mindfulness*, porque involucra todo el ser y se aplica a todo lo que el ser humano puede realizar. Podemos vivir cada instante de nuestra vida con conciencia plena. Uno puede despertar, levantarse, bañarse, con conciencia plena; puede trabajar con conciencia plena. Puede almorzar con conciencia plena; puede confrontar ideas con otro que piense distinto con conciencia plena; etc., etc., etc.

Vamos entonces a exponer a continuación el ejercicio que propongo a mis pacientes para que se contacten con su enfermedad o síntoma con el enfoque de la conciencia plena.

EJERCICIO 11

Conciencia plena sobre mi enfermedad

Me coloco en una posición que resulte cómoda para mi cuerpo...

Respiro de manera lenta y profunda a través de mi nariz...

Sólo presto atención al aire que entra y sale de mis pulmones...

Soy plenamente consciente del aire que entra a mis pulmones

con cada inhalación, y del aire que sale de mis pulmones con cada exhalación...
Entra aire a mis pulmones con cada inhalación...
Sale aire de mis pulmones con cada exhalación...
Toda mi conciencia está colocada en mi respiración...
Nada más...
Nada menos...

Si cualquier pensamiento se interpone en este ejercicio, no me enojo ni me distraigo con él; simplemente vuelvo a colocar mi conciencia en la respiración...
Mi conciencia total en la respiración...

Me mantengo respirando así, con mi conciencia en la entrada y la salida del aire durante 20 respiraciones...

Ahora voy a colocar mi conciencia en aquel lugar del cuerpo que me llame la atención en este momento...
Puede ser un lugar donde tenga dolor...
Tal vez algún lugar que me moleste aunque no me duela...
O quizás algún lugar donde yo sepa que hay un problema aunque no me provoque incomodidad...
Puede suceder que sean varios lugares en vez de uno, en cuyo caso me ocuparé de uno solo a la vez...

Una vez identificado este lugar, voy a llevar mi respiración ahí...
Comienzo a percibir cómo esa zona de mi cuerpo se expande con cada inhalación y se contrae con cada exhalación...
Me doy cuenta de que estoy sintiendo cómo el aire llega a este lugar con cada respiración, y cómo mi conciencia está centrada en este sector de mi cuerpo...

Me quedo con mi conciencia en este lugar por un rato, sólo estando aquí... sólo estando aquí...
No pretendo cambiar nada de lo que ocurra en este momento...
¿Me duele? Simplemente observo el dolor, sin tratar de quitarlo ni de luchar contra él...
Puedo pensar... "esta zona del cuerpo está con dolor"...
Puedo dimensionar ese dolor con un número del 1 al 100: si "0" representa la ausencia de dolor, y "100" un dolor intolerable que requiera anestesia, ¿cuánto está doliendo esta zona de mi cuerpo?
Respiro en el dolor... respiro en el dolor...
Toda mi conciencia está en este lugar de mi cuerpo y observa las sensaciones que surgen de este lugar...

Mi actitud de conciencia plena es como la de una madre que observa atentamente cómo duerme su hijo...
No lo molesta...
No lo toca...
No hace ruido...
Simplemente está cerca... observando atentamente... amorosamente... irradiando su amor con esa mirada, ese cuidado y esa aceptación silenciosos...

Mantengo mi conciencia plena en esta zona de mi cuerpo...
¿Percibo que necesita algo?
¿Tal vez que la cubra con alguna manta?
¿O quizás que la descubra?

Si mis pensamientos en algún momento se desvían de esta zona de mi cuerpo y se van a otro lado, simplemente vuelvo una y otra vez a colocar mi conciencia plena en este lugar sin enojarme ni alterarme de cualquier forma... simplemente vuelvo al lugar... vuelvo al lugar...

Continúo respirando en este lugar...
Siento cómo mi respiración expande esta zona con la inhalación...
Siento cómo mi respiración contrae esta zona con la exhalación...

Presto atención a todo lo que suceda mientras estoy con mi conciencia puesta en este lugar de mi cuerpo...

En unos instantes voy a abrir los ojos, y me voy a sentir bien a gusto, con un gran bienestar en mi interior...

Abro mis ojos y presto atención a mi sentir en el momento de abrirlos...

* * *

Conviene recordar que si hay alguna enfermedad o síntoma importante, este ejercicio debería repetirse por lo menos una vez por día como mínimo. Lo ideal es hacerlo tres veces al día, y si se pudiera, hacerlo más veces. No existen "sobredosis" de conciencia plena. Estar plenamente consciente de nuestro cuerpo nos puede llevar a un estado muy distinto de lo que nos podemos llegar a imaginar con nuestro intelecto.

La experiencia de la conciencia plena es única e intransferible. No hay nada bueno o malo en estas experiencia. Muchas personas me cuentan distintas cosas, como que ven luces, que perciben sensaciones de calor, tibieza, frío, etc. Nada de eso está bien o mal, y nada de eso debe ser interpretable; simplemente hay que aceptarlo y procurar darse cuenta de qué significa para cada uno eso que se está vivenciando. Si una misma experiencia se repite frente a una determinada circunstancia, entonces *para esa persona* se puede ir construyendo una lista de significados personales, y siempre recordando que esto es único, personal e irrepetible; no se pueden sacar conclusiones generales a partir de un caso individual.

CAPÍTULO 16

La enfermedad desnutrida

Hemos visto a lo largo del libro distintas formas de exploración del origen (u orígenes) de nuestras dolencias. Si una de estas herramientas de investigación no llega a un resultado satisfactorio, optamos por otra. Y si esa otra tampoco da resultado, optamos por otra, y así sucesivamente hasta que lleguemos a descubrir el sentido existencial de nuestro problema físico a través de alguna de ellas o tal vez combinando varias de las técnicas.

Llegados a este punto de manera satisfactoria, podemos decir que sabemos por qué nos hemos enfermado, por qué ahora y qué cosas son las que deberíamos cambiar para modular nuestra enfermedad, quizás hasta el punto de la curación física (aunque a veces esto no se pueda dar, como ya lo explicamos en otro capítulo).

También tendremos una clara noción de cuáles son las cualidades propias que están "colocadas" dentro de la afección.

Y aquí viene el verdadero desafío que involucra todo el trabajo de investigación que hemos desarrollado a lo largo del libro: **el cambio personal**.

No existe posibilidad alguna de cambio de condición física si no iniciamos un cambio a favor de lo que ha marcado nuestra exploración.

Ya explicamos que si la enfermedad funciona como un indicador de alguna disfunción, entonces sólo corrigiéndola el marcador volverá a su rango normal. En cambio, si dejamos nuestra disfunción tal cual está, no habría razón alguna para que nuestro marcador interno (la enfermedad) mejore.

Pedir la curación física sin cambio interno ninguno es un pensamiento mágico y, por lo tanto, esperar un milagro que pocas veces se dará. Por el contrario, cuando se realiza una transformación interna, cuando nuestra mejoría proviene de nuestro interior, entonces tendremos muchas más probabilidades de que la sanación y su posterior curación física efectivamente ocurran.

Veamos entonces de qué manera realizar ese cambio y qué elementos utilizar en cada caso.

En mi segundo libro, *El poder de cambiar. Secretos milenarios para vivir mejor*, se exponen las técnicas que han demostrado ser las más eficaces para producir cambios. Estas provienen del mentalismo oriental, específicamente del Yoga mental, el Raja Yoga, ciencia que se pierde en el tiempo planetario. La disciplina de Raja Yoga se transmitió oralmente por milenios, hasta que el sabio Patanjali, quien se dice vivió en el siglo II a. C., reunió todas las enseñanzas en 4 libros de aforismos. Cada aforismo está escrito de manera tan sintética que termina siendo muy poco entendible. Por esa razón, grandes maestros espirituales han realizado interpretaciones de los aforismos con el objetivo de que estuviera al alcance de cualquier persona.

Los aforismos de la Yoga de Patanjali se han convertido así en la fuente original del conocimiento de la meditación y del correcto uso de la mente para todos aquellos que tienen interés en profundizar y llegar al origen del saber sobre el tema.

Por supuesto que sugiero recurrir al material completo y leer mi segundo libro, pero si tuviera que ser sintético al máximo, podríamos decir que la *transformación* interior verdadera y duradera se consigue por el *cambio de pensamientos.*

¿Qué significa esto de cambiar los pensamientos? Es bastante simple de explicar, aunque no tanto de realizar.

Existe un viejo aforismo oriental, verificado luego por la física cuántico-relativista, que dice...

LA ENERGÍA SIGUE AL PENSAMIENTO

O lo que es lo mismo...

EL PENSAMIENTO DIRIGE LA ENERGÍA

En la esfera personal podríamos decir sin temor a equivocarnos que gran parte de nuestra realidad de hoy es producto de lo que hemos pensado en el pasado de manera sostenida.

Si cualquiera de nosotros piensa repetidamente "no puedo", su vida será un permanente abandono de las tareas que emprenda, porque "no podrá" finalizarlas. Si piensa "no sirvo", su vida será una acumulación de despidos laborales, porque "no sirve".

Podemos entender bien la idea cuando lo planteamos así, pero ¿qué pasa con las enfermedades? Nuestros pensamientos no operan solamente en la esfera mental, sino que también tienen efectos físicos. Debido a eso, muchas veces tendremos creencias, hábitos o formas de actuar que causarán un deterioro en nuestra salud física si persisten largo tiempo.

En mi consultorio, así como en mis talleres y conferencias, utilizo un ejercicio donde hago repetir la frase "soy débil" muchas veces durante un minuto, y demuestro cómo disminuye la fuerza muscular de cada participante con sólo decir eso. Luego hago la experimentación inversa, es decir que hago repetir "soy fuerte" por un cierto tiempo (un minuto) para que todos vean que aumenta su fuerza muscular marcadamente.

Es importante recalcar aquí que no hace falta creer en lo que estamos diciendo. Para decir algo, debemos pensarlo antes, y ese pensamiento (en este caso repetido durante un minuto) es suficiente para ser considerado directamente como una orden por cada una de nuestras células. Por esta razón nuestros pensamientos tienen tanto poder en nuestro ser, y no me cansaré de insistir en que prestemos atención responsable a nuestros pensamientos e ideas sobre nosotros y el mundo, porque ellos determinan nuestra realidad física.

CADA PENSAMIENTO
ES UNA ORDEN
PARA CADA UNA DE NUESTRAS CÉLULAS

Volvamos ahora al tema de la sanación. Hemos dicho que los pensamientos pueden determinar nuestro estado de enfermedad. ¿Y qué hacemos cuando detectamos estos pensamientos, creencias, mandatos o hábitos?: Simplemente *hay que cambiarlos.*

Y aquí es cuando viene en nuestra ayuda el conocimiento de la ciencia mental oriental. Entre las muchas características que distinguen y diferencian a Occidente de Oriente, está el hecho de qué se hace cuando hay que cambiar algo.

Podemos darnos una idea de esto cuando vemos los sistemas de actividad física o gimnasia. En Occidente se cultiva la fuerza; en Oriente se cultiva la flexibilidad. En Occidente se empuja; en Oriente se cede. En Occidente importa que el cuerpo se vea bien; en Oriente importa que funcione bien.

Cuando encontramos una cualidad que nos enferma, en Occidente se lucha contra ella, procurando destruirla; en Oriente, en cambio, *se la sustituye por otra.*

Complementando al aforismo anterior sobre la energía, existe otro sobre la energía mental:

AQUELLO EN LO QUE UNO PIENSA, CRECE

Deberíamos prestarle mucha atención a este conocimiento. Si pensamos muchas veces en algún defecto nuestro, pues este defecto crecerá y será peor. Deberemos estar alerta de nuestros propios pensamientos sobre nosotros mismos y sobre cómo vemos el mundo y el futuro, porque eso es lo que precisamente sucederá y se transformará en nuestra realidad.

El Universo, Dios, la Energía Suprema o cualquier cosa en lo que podamos creer, *nos dará precisa y textualmente aquello que tengamos en nuestra mente.*

Supongamos que entramos a un supermercado y decimos: "no quiero azúcar". ¿Qué nos darán? Lo único que sabe la persona que me está atendiendo es que tengo la palabra "azúcar" en mi mente. Nada más que eso. Y por eso, a la hora de darnos algo, ¿qué no van a dar? ¡Nos darán azúcar!

Por lo explicado anteriormente, las campañas (aun internacionales) que comienzan con la palabra *NO*, ¡obtienen el efecto opuesto de lo que pretenden!

"No a la guerra" genera más guerra.

"No violencia" provoca más violencia.

"No a la droga" hace que la gente se drogue más.

Se dice que una vez fue un joven a ver a la madre Teresa de Calcuta con la intención de que ella se sumara a una campaña internacional para la paz y la no violencia. Ella, cuando leyó el encabezado con las palabras "no violencia", se negó a firmar. Con amabilidad, trató de explicarle al joven que no iba a firmar ninguna idea que comenzara con el "no", porque eso aumentaría la violencia. El muchacho, desconociendo este principio básico de la ciencia de la mente, se encolerizó y, curiosamente, le dijo: "si usted no firma una campaña para la no violencia, ¡entonces usted está a favor de la violencia!

¿Cómo hacer para explicar esto a tantas personas bien intencionadas que no conocen este concepto? ¿Cómo decirles que en realidad están trabajando *a favor* de aquello contra lo que luchan?

Para que tengamos una idea rápida de este asunto, podríamos decir que *nuestra mente anula el "no"* delante de cualquier palabra. Así, "no a la droga" se convierte en "droga", "no a la guerra" se convierte en "guerra", "no violencia" se convierte en "violencia". Debemos tener esto muy en cuenta cuando veamos campañas o ideas que comiencen con el "no", porque todas ellas terminan fomentando la idea central al anular ese "no" inicial en nuestra mente.

"Estoy cansada de que me mientan; quiero una pareja que no me mienta más"
"Quiero conocer un hombre que no sea vago"
"Me tiene harta mi gordura; no quiero ser gorda nunca más"
"Quiero tener una pareja que no me maltrate"

"No quiero ser vergonzosa nunca más"
"No quiero fumar más"

¿Usted utiliza este tipo de frases? ¿Cuál?

Podríamos poner muchos ejemplos más sobre esta forma de pedirle a nuestra vida que queremos un cambio, ¡sin darnos cuenta de que no generaremos ninguno pidiéndolo de esta manera!

En uno de los aforismos transmitidos por Patanjali (libro II, Af. 33), se dan las instrucciones precisas para cambiar aquello que no queremos hacer/poseer/pensar más:

CUANDO SE TIENEN PENSAMIENTOS
CONTRARIOS A LA YOGA,
DEBEN CULTIVARSE LOS
PENSAMIENTOS OPUESTOS

Existen por lo menos cuatro conceptos muy importantes que debemos entender del aforismo que acabamos de citar.

1. La palabra *Yoga* significa *unión.* Yoga, por lo tanto, es la ciencia de la unión de nuestra personalidad con el alma. Lo más elevado que podemos esperar de nosotros mismos es que logremos *la Yoga,* la integración entre alma y personalidad. Ya expliqué en un capítulo anterior que para los budistas el alma posee tres cualidades que le son inherentes: Bondad, Belleza y Verdad. Toda vez que pensamos, decimos o hacemos algo que contenga alguna de estas tres cualidades (es decir que tienden a acercarnos a nuestra propia alma), sentiremos placer. Por el contrario, toda vez

que pensemos, digamos o actuemos algo que se aleje de la unión con nuestra propia alma, con el Yoga, con estas tres cualidades de Belleza, Bondad o Verdad, sentiremos dolor en cualquiera de sus formas.

2. Hay *pensamientos*, entonces, que son *contrarios a la Yoga*, porque nos alejan de la unión con nuestra alma, y por lo tanto la consecuencia inmediata es el sufrimiento, en cualquiera de sus formas posibles. Hemos visto a lo largo de todo el libro que una de las formas de sufrir es la enfermedad física.
3. Una vez que hemos descubierto aquellos *pensamientos* que nos han enfermado porque son *contrarios a la Yoga*, nuestra tarea será la de encontrar otros *pensamientos que sean opuestos* a los que nos enferman. Ya vimos que no sirve pedir por el negativo de lo que no nos gusta, sino que deberemos ubicar aquella idea que sea lo que realmente queremos para lograr una transformación genuina.
4. Encontrados estos pensamientos que sí tiendan a la Yoga, lo que resta es *cultivarlos*. No es fácil la tarea de cambiar, porque requiere de paciencia y perseverancia. Los nuevos pensamientos deben cultivarse de la misma manera que una planta pequeña.

En una sola oración, como es la del aforismo anterior, encontramos cuatro ideas centrales y profundas que nos dan la clave de la sanación frente a un pensamiento que nos hace sufrir. De esta manera deberemos manejarnos con cada pensamiento que descubramos involucrado en nuestra enfermedad. Hay que identificarlo, y luego encontrar el *pensamiento opuesto*. Este punto es, en mi experiencia, uno de los más difíciles de realizar en el proceso de sanación.

El problema es que encontrar el pensamiento que "sí" hay que pedir efectivamente; muchas veces está fuera de nuestra esfera mental y no lo identificamos con facilidad.

Hace años leí que existen ciertos pensamientos y palabras que directamente no están dentro de nuestro campo mental porque no forman parte de nuestra educación, cultura o medio. Por ejemplo, si tenemos algún apuro económico, a mí no se me ocurriría salir a secuestrar a alguien para cobrar el rescate; no está en mi mente en absoluto, ni siquiera como opción. Sin embargo a un delincuente tal vez es la primera idea que cruce por su mente. Así como no está la opción de un secuestro extorsivo en mí, tampoco están ciertas palabras o valores para otras personas.

Por ejemplo, si alguien durante toda su vida se manejó huyendo de las cosas que le resultaban complicadas, entonces terminó cultivando la cobardía como cualidad central. Es muy probable que la palabra "valentía" no exista dentro de la mente de dicha persona. Para un samurái, la palabra *deshonor* seguramente no exista dentro de su esquema mental.

Las personas con enfermedades crónicas han cultivado cualidades, pensamientos o hábitos que son disfuncionales para una vida sana, y les resulta muy difícil encontrar la cualidad opuesta para sanar esta situación.

A lo largo de mis talleres intensivos de transformación personal que realizo en el interior de mi país, es muy interesante observar este fenómeno. A las personas que han cultivado un pensamiento contrario a la Yoga toda su vida les resulta casi imposible encontrar el opuesto (y sanador).

Hace unos años atendí una paciente en mi consultorio que padecía de cirrosis y, lo más importante, una historia de violencia y agresión a lo largo de toda la vida. Después de escuchar su historia de mortificación, le indiqué un remedio homeopático e hice la siguiente devolución: "Has estado toda tu vida impregnada de agresión y violencia. Tu gran desafío, por lo menos el que surgió en esta consulta, es trascender (sanar) este tema de la agresión y la violencia. Lo que te propongo es que cultives la *inofensividad* como tema central de tu vida (ser inofensivo es el opuesto de ser ofensivo, agresor). Para esto, al levantarte a la mañana hay que pensar en la inofensividad, manejar utensilios inofensivamente, hablar, escribir, caminar y actuar inofensivamente".

Ella me escuchó con mucha atención, y luego de un instante de reflexión, paradójicamente, me dijo: "Estoy totalmente de acuerdo. Entonces, a partir de mañana mismo *me pongo los guantes... y a dar pelea*".

Es impresionante cómo una persona que tiene incorporada la agresión y la violencia a lo largo de su vida no se da cuenta de que no se puede terminar con la violencia "dándole pelea" como en un ring de boxeo. El desafío es cambiar completamente la "nota", el "color" que domina su vida y comenzar a vibrar de otra manera, en este caso siendo inofensiva en pensamiento, palabras y acciones. Pero ella era incapaz de encontrar esta cualidad; necesitaba de la ayuda externa (como un profesional que detectara este fallo conceptual) para una orientación.

Por eso durante los talleres insto a los participantes a que compartan conmigo las cualidades que los enferman, y juntos podamos encontrar esas cualidades que a ellos les cuesta tanto trabajo hallar. Y es justamente ese el valor del taller: que yo estoy ahí para ayudarlos a encontrar la llave (el pensamiento para cultivar) que puede destrabar su obstáculo mayor y obtener así la sanación.

A eso nos ayudará también el siguiente ejercicio:

EJERCICIO 12

Desnutrir la enfermedad

1. Confeccionar una lista de los pensamientos contrarios a la Yoga identificados a través de los distintos ejercicios.
2. Establecer el pensamiento opuesto de cada uno de los pensamientos de la lista del punto 1.
3. Elaborar una estrategia para cultivar dichos pensamientos del punto 2.

El cultivo de pensamientos

La idea de cultivar los pensamientos es algo verdaderamente crucial en nuestro objetivo de transformar la vida cotidiana. Pero ¿cómo se cultivan los pensamientos? ¿Existe alguna técnica por medio de la cual este cultivo del nuevo pensamiento sea efectivo?

En el transcurso de los talleres de transformación personal, hemos elaborado junto con los participantes una lista de actividades que sirven a distintas personas para lograr el cultivo de pensamientos y hábitos distintos.

EJERCICIO 13

Síntesis del cultivo de pensamientos

1. Elegir voluntariamente el pensamiento (tendiente a la Yoga) que se desee cultivar.
2. Imaginar cómo nos sentiríamos si se realizara ese pensamiento (emoción positiva).
3. Imaginar cómo nos sentiríamos si siguiéramos con el actual sistema de pensamientos (emoción negativa).

4. Imaginar que nuestro nuevo pensamiento elegido ya está realizado a pleno. ¿Cómo sería la nueva situación? ¿Es agradable o desagradable? ¿Es exactamente lo que nosotros queremos? ¿O debemos elegir otro tipo de pensamiento? ¿Nos interesaría ocupar nuestro tiempo y energía para lograr dicho estado?
5. Cada mañana pensar en mantener ese pensamiento durante la mayor parte del día.
6. Pensar en "encarnar" ese pensamiento durante todo el día al bañarnos, caminar, sentarnos, hablar, comer, trabajar, etc.
7. Si nos parece que no podemos, hay que actuar "como si" ya fuera así.
8. Cada vez que hablemos, tratemos de expresarnos de manera de manifestar el nuevo pensamiento en nuestras palabras.
9. Cada vez que actuemos, tratemos de hacerlo manifestando el nuevo pensamiento en nuestros actos.
10. Leamos todo lo que se acerque a nuestras manos relacionado con el nuevo pensamiento.
11. Veamos películas relacionadas con el nuevo pensamiento.
12. Conversemos con personas que ya manifiesten ese pensamiento y tratemos de imitarlas (admiración).
13. Escuchemos música que tenga que ver con ese pensamiento (si la hay, como es el caso de diversos estados de ánimo).

Podríamos decir que si la personalidad está compuesta por los cuerpos físico, emocional y mental inferior (intelectual), de acuerdo al cuerpo que más influencia ejerza sobre esa personalidad en particular, tendremos **tres tipos de dominancias**.

Hay personas cuya dominancia es la **corporal**. Ellos necesitan el contacto y la actividad corporal como algo fundamental en sus vidas. Los deportistas y los artistas circenses son un ejemplo de ello.

Otras tienen dominancia **emocional**, y se mueven en su vida motivados por el impulso de su sentir. Los artistas son ejemplo de esta dominancia.

Finalmente, están los **mentales**. Son esencialmente racionales, y necesitan expresar su vida a través de la lógica y la ciencia. Todos los intelectuales son ejemplo de esta dominancia.

No existe la dominancia exclusiva de un solo elemento; todos tenemos las tres dominancias. Pero siempre hay una que tiene más importancia que las otras dos, y a esa nos estamos refiriendo en los párrafos anteriores.

Si prestamos atención a las distintas formas de cultivar nuevos pensamientos, podremos ver que hay algunas que se dedican más al componente físico, otras al emocional, y las restantes, al mental. En teoría deberíamos utilizar la mayor cantidad de herramientas posibles para el cultivo de los pensamientos nuevos pero, de elegir alguna sobre otra, es preferible aquella que tenga que ver con nuestra dominancia en particular.

Así, en una persona que es "corporal", se deberá hacer hincapié en los recursos físicos, como actuar, caminar, sentarse, hablar, etc. Si una persona es emocional, habrá que hacer hincapié en el sentir. Finalmente, en una persona cuya dominancia es mental, hay que hacer hincapié en el estudio y reflexión de la nueva cualidad o pensamiento.

En la psicoterapia cognitivo-conductual, que es una de las corrientes más validadas para tratar el trastorno bipolar, se entrena a los pacientes para que identifiquen su estado de ánimo y lo puedan graficar en una tabla simple. Si además se colocan en esa tabla los sietes días de la semana, tendremos un gráfico semanal del estado de ánimo que resulta muy útil al profesional tratante para identificar precozmente variaciones importantes en su estado de ánimo.

MONITOREO DE CUALIDADES

Cualidad		Lun	Mar	Miér	Jue	Vier	Sáb	Dom
	2							
	1							
	0							
	-1							
	-2							
	2							
	1							
	0							
	-1							
	-2							
	2							
	1							
	0							
	-1							
	-2							
	2							
	1							
	0							
	-1							
	-2							
	2							
	1							
	0							
	-1							
	-2							

Planilla semanal para el monitoreo de las cualidades que debemos cultivar.

Basándome en estas ideas, modifiqué las herramientas para adaptarlas a mi objetivo: cada persona debe tener en cuenta si está avanzando en su transformación o no.

Veamos entonces la tabla que utilizo con los pacientes en mi consultorio para que monitoreen sus propios cambios.

Como se puede ver en la tabla, una vez que se coloca una cualidad que debe ser cultivada, debemos evaluar a diario si este pensamiento o cualidad está groseramente en la línea del "0", en el sector del "+" (1 o 2) o si no lo estamos logrando porque está en el sector del "-" (-1 o -2). Esto nos dará una idea visual de la evolución en este proceso interno de transformación. Al colocar la tabla en un lugar visible, también la familia puede ayudar en el trabajo del paciente, al realizar devoluciones sobre cómo se ve "desde afuera" este cambio.

Las recaídas

La finalidad de confeccionar una tabla de monitoreo de los pensamientos nuevos es, justamente, crear el estado de alerta interno frente a las recaídas que aparecerán seguido a lo largo del proceso. No conozco un solo caso que no haya tenido recaídas, es decir que haya comenzado y jamás haya tenido un retroceso.

Lo más habitual es que luego de comenzar el cultivo de pensamientos, y cuando menos lo pensamos, estamos de vuelta en la situación inicial, como si nunca hubiéramos hecho nada para mejorar. Es ahí cuando nos desalentamos y pensamos: "¿Para qué hago tanto esfuerzo si no sirve para nada, si estoy otra vez donde comencé?".

Paramahansa Yogananda, gran maestro espiritual cuya misión, una vez lograda su realización espiritual, fue traer el conocimiento del Yoga a Occidente, iniciador además en la técnica de Kriya

Yoga a Mahatma Ghandi, dijo una vez: "las personas no hacen lo que quieren; hacen lo que están acostumbradas a hacer".

El proceso de llegar a hacer lo que uno realmente quiere puede llevar mucho tiempo, y durante todo ese tiempo estamos en riesgo de recaer en "lo que estábamos acostumbrados" como decía Yogananda. Por lo tanto, mientras dure el proceso de cambio deberemos estar siempre alerta de no volver a las viejas costumbres de pensar y actuar, que es donde caeremos sin que nos demos cuenta siquiera.

La figura de "cultivar" los pensamientos, como se impuso en India hace milenios, resulta muy útil porque nos hace pensar en plantitas pequeñas que queremos sembrar y que al principio son frágiles y sensibles a los cambios del entorno. Cuando plantamos un árbol (por ejemplo un álamo) que inicialmente mide sólo unos centímetros, deberemos cuidarlo de las inclemencias del tiempo. Cuando este álamo tenga ocho metros de altura, ya no deberemos preocuparnos más por él, porque su tamaño ya no requerirá de esos cuidados iniciales.

Con nuestros pensamientos nuevos ocurre lo mismo que con un retoño de árbol. Deberemos cuidarlos y tenerlos presentes porque son muy susceptibles a las variaciones internas y externas.

Si vamos registrando a diario en qué valor subjetivo tenemos nuestros pensamientos o cualidades nuevas, podremos detectar precozmente el momento en que alguno de ellos tiende a decaer. Verlo a tiempo hace que podamos prestarle atención, y de esta manera evitar que aparezca una recaída sin que nos demos cuenta.

Recaer, entonces, es parte del proceso normal del cambio, y deberemos esperar varias recaídas a lo largo del camino.

¿Cuántas veces se cae un bebé mientras aprende a caminar?

¿Cuántas veces nos hemos caído de una bicicleta antes de andar bien?

¿Cuántas veces nos hemos equivocado en las cuentas de sumar cuando éramos pequeños?

Oscar Di Noia, psicólogo argentino, hermano del alma y meditador desde hace años, me dijo una vez cuando hablábamos del error: "El error es lo más frecuente en nuestras vidas; el acierto se da al final de muchísimos errores". Nada más cierto que eso. Lamentablemente nuestra cultura actual del *éxito-fracaso* hace que se pretenda éxito inmediato, y si llega a existir un fallo es considerado un fracaso y la tarea se abandona luego de algunos intentos fallidos.

La naturaleza no funciona con esta creencia falsa del *éxito-fracaso.* La naturaleza (y todo el universo) funciona con el sistema de *prueba y error,* donde luego de cada error se va corrigiendo hasta que llega el acierto. El acierto entonces, tal como lo decía Oscar Di Noia, es la consecuencia de un trabajo lento e ininterrumpido de corrección de múltiples errores hasta que la tarea final resulta pulida y bien realizada.

No es suerte...
No es un milagro...
No es asistencia divina...
¡Es disciplina!

"Estar mejor es un trabajo que lleva algún tiempo diario y al que deberemos estar dispuestos si pretendemos la sanación de una enfermedad cualquiera".

Si estamos verdaderamente dispuestos a iniciar esta tarea interna con coraje, voluntad, paciencia y perseverancia, no cabe otro resultado más que el de la sanación interior, lo cual siempre fue el único objetivo de todos los sanadores genuinos en la historia del planeta.

QUE DIOS, EN CUALQUIERA
DE SUS FORMAS Y NOMBRES,
NOS BENDIGA A TODOS.

BIBLIOGRAFÍA

Anónimo:

La Biblia, VIII edición, Ediciones Paulinas y Verbo Divino, España, 1992.

Bailey, Alice A:

La curación esotérica, Editorial Fundación Lucis, 3° edición en castellano, 1988 1989.

Bhaktivedanta Swami Prabhupada:

Bhagavad-Gita, Fondo Editorial Bhaktivedanta, Buenos Aires, 1991.

Blavatsky, H. P.:

Glosario teosófico, 4ª edición, Editorial Kier, Buenos Aires, 1977.

Dethlefsen T. y Dahlke R:

La enfermedad como camino, Plaza y Janes Editores, Barcelona, España, 1989.

D´Ovidio, Rogelio:

Del cuerpo al espíritu, un camino de sanación, 6ª edición, Editorial Deva´s, Buenos Aires, 2011.

El poder de cambiar. Secretos milenarios para vivir mejor, 5° edición, Grupal Ediciones, Buenos Aires, 2011.

Hay, Louise:

Usted puede sanar su vida, Ediciones Urano, Barcelona.

Kabat-Zinn, Jon:

Vivir con plenitud las crisis, 3° edición, Editorial Kairós, Barcelona, 2009.

La práctica de la atención plena, 2° edición, Editotial Kairós, Barcelona, 2009.

Levy, Norberto:

La sabiduría de las emociones, Editorial Debolsillo, 1° edición, 2003.

Martinez Riu, Antonio y Cortés Morató:

Diccionario de Filosofía, Editorial Herder S.A., Barcelona, 1992.

Real Academia Española:

Diccionario de la Lengua Española, 22° edición, Espasa Calpe, Madrid, 2001.

Shapiro, Debbie:

Cuerpo Mente, Robinbook, Barcelona, España, 1991.

Tres Iniciados:

El Kybalion, Editorial Kier; Buenos Aires, 1989.

Vivekananda, Swami:

Raya Yoga, 8° edición, Editorial Kier, , Buenos Aires, 1987.

Yogi Kharishnanda:

El Evangelio de Buda, 4° edición, Editorial Kier, Buenos Aires, 1998.